今我来思 雨雪霏霏 杨金玉 作

当年离家,远征猃狁。那日春风暖阳,依依杨柳,多么温暖,可他却在品尝生离死别之苦。如今他返归故土,心中欢欣,可这天空却纷纷扬扬播撒着冰冷的雪花。王夫之点评说:"以乐景写哀,以哀景写乐,一倍增其哀乐。"

——《初恋<诗经>》

春服既成　杨金玉　作

寒冬已过，春风吹面不寒；脱去臃肿的冬衣，换上轻便的春装。可见，这是一个令人舒适的节令。无论是童子，还是冠者，都是年轻人。这些正处人生春天的人相携出游，心情自然愉悦。他们做了什么呢？——"浴乎沂，风乎舞雩，咏而归"。

——《吾与点也》

破釜甑 烧庐舍　杨金玉　作

楚怀王这个放羊娃极具战略眼光,派宋义、项羽、范增北上救赵,派刘邦西进攻秦。项羽北上救赵而一战成名,从此"破釜沉舟"这个成语家喻户晓。那么,项羽是否如我们印象里那样,是楚汉之际威震天下、凭一己之力推翻暴秦的"战神"呢?

——《破釜沉舟》

夜中不能寐　杨金玉　作

伤心、忉怛、心悲、凄怆、辛酸、殷忧、心焦、哀伤、惆怅、恻怆，这样的字眼充斥着《咏怀诗》。大概，阮籍的生命从未经历过暖阳的照耀，他一直在冰冷地咀嚼着黑夜。也许，只有在黑夜中，他才感知到自己是个真实存在的人。

——《长夜不寐伤心人》

春风不度　杨金玉　作

踏上那片土地,视野毫无遮拦,放眼望去,城也好,山也好,历历都在目前。若如此,"一片"便可以不修饰"孤城"。说一片广阔无垠的戈壁岂不也可?四外群山万仞,一片空荡荡的视野中,有一座孤城,萧条肃杀至极。

——《跟孩子说不清的唐诗》

八千里路云和月　杨金玉　作

"云""月"共举,一般论者,言此为披星戴月、日夜兼程之意,如此鞍马劳顿,方能"北逾沙漠,蹀血虏廷,尽屠夷种",以"收拾旧山河"。但我觉得这两句辛劳之外有风雅,开阔之外有空灵。前文方壮怀激烈,此处却云淡风轻,张弛有度,节奏控制极好。

——《仰天长啸千里梦》

怒而飞 杨金玉 作

不过,几乎所有人初读《逍遥游》时,都被《庄子》的障眼法骗过了,成语"鹏程万里"就是证明。"鹏程万里"的含义是前程远大。显然,人们对大鹏是否逍遥的问题,早已"屏蔽",甚至弃置不顾了。

——《走出庐山》

去年天气旧亭台　杨金玉　作

停下来想一想，推测一下诗人当时遭遇的情形，可能是这样：眼前的欢宴勾起了作者对往昔的回忆，感旧之情油然而起。有理由相信，旧日那场与今天同样天气里、亭台中的宴饮，令人念念难忘。也许是词不如"新"，人不如"旧"吧。

——《回肠荡气》

亲近经典

北京四中语文课

杨志刚 著

中国青年出版社
CHINA YOUTH PRESS

图书在版编目(CIP)数据

北京四中语文课. 亲近经典 / 杨志刚著；杨金玉绘.
—北京：中国青年出版社，2020.8
ISBN 978-7-5153-6098-0

Ⅰ.①北… Ⅱ.①杨… ②杨… Ⅲ.①中学语文课—高中—教学参考资料 Ⅳ.①G634.303

中国版本图书馆CIP数据核字（2020）第118927号

北京四中语文课．亲近经典

作　　者：	杨志刚
插　　图：	杨金玉
策划编辑：	刘　吉
责任编辑：	胡莉萍
文字编辑：	方荟文
美术编辑：	杜雨萃
出　　版：	中国青年出版社
发　　行：	北京中青文文化传媒有限公司
电　　话：	010-65511272/65516873
公司网址：	www.cyb.com.cn
购书网址：	zqwts.tmall.com
印　　刷：	大厂回族自治县益利印刷有限公司
版　　次：	2020年8月第1版
印　　次：	2022年8月第2次印刷
开　　本：	787×1092　1/16
字　　数：	203千字
印　　张：	18.5
书　　号：	ISBN 978-7-5153-6098-0
定　　价：	59.00元

版权声明

未经出版人事先书面许可，对本出版物的任何部分不得以任何方式或途径复制或传播，包括但不限于复印、录制、录音，或通过任何数据库、在线信息、数字化产品或可检索的系统。

中青版图书，版权所有，盗版必究

目录

序：严谨治学　深入浅出
　　——杨志刚《亲近经典》序　顾德希　　　　007

第一篇　初恋《诗经》
　　——《诗经·小雅·采薇》　　　　015

第二篇　恋爱如火　婚姻似冰
　　——《诗经·卫风·氓》　　　　022

第三篇　诗的A面与B面
　　——《诗经·魏风·伐檀》　　　　036

第四篇　吾与点也
　　——《子路、曾皙、冉有、公西华侍坐》　　　　045

第五篇　失控的接力棒
　　——《史记·秦始皇本纪》　　　　059

第六篇　鸿鹄之志
　　——《史记·陈涉世家》　　　　070

第七篇　破釜沉舟
　　——《史记·项羽本纪》　　089

第八篇　项王默然不应
　　——《鸿门宴》　　104

第九篇　美女之手
　　——《古诗十九首·迢迢牵牛星》　　121

第十篇　长夜不寐伤心人
　　——阮籍《咏怀诗》　　126

第十一篇　简约不简单
　　——李白《静夜思》　　160

第十二篇　李白认栽
　　——崔颢《黄鹤楼》与李白《登金陵凤凰台》　　169

第十三篇　跟孩子说不清的唐诗
　　——王之涣《凉州词》　　176

第十四篇　新桃换旧符
　　——王安石《元日》　　186

第十五篇　对月怀远
　　——苏轼《水调歌头》（明月几时有）　　194

第十六篇　仰天长啸千里梦
　　——岳飞《满江红》（怒发冲冠）　　207

第十七篇　躬行君子
　　——《论语》读法　　227

第十八篇　你知道吗
　　——《老子》读法　　240

第十九篇　走出庐山
　　——《庄子》读法　　248

第二十篇　纲举目张
　　——《韩非子》读法　　253

第二十一篇　回肠荡气
　　——《二晏词》读法　　260

第二十二篇　怦然心动的那本书　　272

后　记　　279

序：严谨治学　深入浅出
——杨志刚《亲近经典》序

顾德希

严谨治学和深入浅出，是北京四中的教学箴言。杨志刚老师这本书，让我不由想到这两句箴言。

历届四中校长常以"严谨治学"勉励教师，强调教学要像学者治学那样严谨。的确，教学是实践性很强的一门学问。不管讲课、作业还是命题、评卷，都是学问，若无对学生高度负责的严谨态度，是一定搞不好的。而"深入浅出"，则专就"讲课"而言。教师讲课，是"教"与"学"互动的基本方式。要提高教学质量，优化互动效果，讲课就须深入浅出。四中教学代表人物，如刘景昆、张子锷"二老"，都是深入浅出的大师。早在50多年前，"深入浅出"即被列入四中十大教学原则，至今还镌刻在教学楼门外。

深入浅出与严谨治学紧密相关。倘若能"深入"而不谙"浅出"，未必不能把学问做好，但那不是"教学"这门学问。而若片面追求"浅出"，把对学生负责的严谨态度置诸脑后，则易背离育人宗旨。

这本书中的不少篇章都是杨老师的"讲稿"，再现了他对中国古代经典的精彩讲授。书中并无严谨治学、深入浅出字样，但体现着他严谨治学的精神，生动反映了他深入浅出的教学特色。

一

杨老师的讲稿，覆盖了先秦迄于两宋的大量名作，可谓琳琅满目。就个人而言，这些讲稿反映了他12年来的用功不辍，留下了他严谨治学、扎实进取的艰辛足迹；就语文教学而言，这本书告诉我们，一名语文教师，如果肯在"讲课"上勤下苦功，那么他的教学定会步入佳境。

杨老师2007年来四中任教。那是一个偶然机会，我看到他班上学生读《庄子》的作业。学生们对"圣人无名""神人无功"的感悟，思路开阔，见解卓异，我觉得即使专业研究者也难有如此妙想。这样的教学效果给我留下深刻印象。但直到前年，我才第一次听他讲课。那是在外地举办的一次全国性教学活动，主办者让我推荐讲"观摩课"人选。一位常到中学听课的教授，说起几个他印象突出者的名字，其中有杨志刚。于是我便毫不犹豫做了推荐。在这次全国性活动上，我第一次领略了杨老师讲课的风采。他在这次大型观摩活动中的优异表现，令人刮目相看。

十几年间，杨老师在教学上迅速成长，得力于四中语文组严谨治学的浓厚氛围，得力于他本人在"讲好课"上的不懈追求。这本讲稿完全可以说明，刻意揣摩，把课"讲好"，对提高语文教学质量至关重要。语文教师倘不多读勤写，绝不可能把讲稿写好。而把讲稿写好，恰恰"直击"了教学中"讲"这一关键环节。语文教师，如能坚持不懈地要求自己把那些对学生很有启发性的话写下来，写好它，那么他的教学质量一定会得到极大提高。

多年来，语文教学看重"教案"，而不是"讲稿"。所谓教案，大多是把"教参"中对作家作品知识的解说，转换成某种教学过程的设计，以为把这个复制到课堂上就行了。其实，这与课堂上所需要的"教学互动"还有极大距离。近年我读过些据说很不错的"教案"。也许我年龄太大，读起来颇感吃力。而读杨老师这本书，却感到轻松愉快。大量足以激活学生思考的点拨，扑面而来，比比皆是。看来，语文教师若不在"讲"字上痛下功夫，终是重大缺陷。对教学全过程有所谋划的教案，原属必要，但究竟讲些什么，怎样讲才好，万不应忽略！

"讲风过盛"诚然是语文教学的"痼疾"，但那指的是在课堂上不厌其烦地搞"教参搬家"，或没完没了"扯闲篇"。这些无疑都应在涤除之列，但绝不能因此忽略了讲授水平的提高。备好课，是教师一辈子的事。而倾力提高讲课的启发性，永远是备课的重中之重。语文教师要习惯于深思熟虑，要反复揣摩怎样"讲"才更到位，还要尽可能落实到纸面上，反复审视，看看究竟能不能站住。

"讲得好"，对语文教学永远是重要的。鲁迅当年讲课，据说教室窗外挤满人，都是来听"讲"的，可见其"讲"的魅力。翻《鲁迅全集》不难看到，许多名篇其实便是"讲稿"。文学史家称之为"杂文"，不知教育史家肯否归之为"学生为主体"的优秀课例。那时"讲得好"的并非只有鲁迅一人。据老辈人讲，20世纪30年代辅仁大学有位缪先生，把庄子《天下篇》讲了一学期，一时京城盛传"缪天下"，想来也是"讲得好"之一例。这是大学课例，中学也不是没有。20世纪50年代初，北京四中语文组白熹三先生，以讲"三表"（《出师表》《陈情表》《泷冈阡表》）享誉京城，这是首师大中文系总支书记刘国盈教授亲口告诉我的。60年代中，他听说我分配到北京四中，特意向我说起此事，但很遗憾，我与白先生竟缘悭一面。

写讲稿，不是写"讲义"。"讲义"系统性强，类似于教材，讲稿则灵活得多。我提倡教师写讲稿，也不是说要把一堂课怎样讲从头至尾写下来。确切点说，我主张教师要重视写好"片段"。我个人的体会是，许多问题怎样讲，往往一时想不清，须假以时日。翻资料时想，做饭时想，骑车上班时也想。确乎想清楚了，最好用文字凝定下来，到上课时便不难运用自如。那些凝定下来的文字，最初大多随手写在纸片上或课本空白处。有功夫，再写在什么本子上，便有点讲稿片段的模样。可惜，我这方面的积累很不够。但即使如此，我觉得对自己教学上的进步也有异常重要作用。倘若对课上"讲"些什么，不去千锤百炼、精益求精，那严谨治学岂不落空么？

这次读杨老师这本讲稿，钦羡之余，深感后生可畏。他勤读勤思勤写，积累宏富，颇多新意，值得大大赞赏，值得认真学习。

二

在讲授方法上，杨老师这本讲稿可学处颇多。最值得借鉴的，是"深入浅出"原则的成功运用。

书中讲的都是古代经典，但即使是相当深奥的经典，杨老师讲起来也让人感到触手可及，平易生动，这正是深入浅出所取得的效果。那么，怎样才能用好深入浅出原则呢？

首先，当然是教师对经典的理解要深入。杨老师书中的讲授，往往是谈作品的某个局部，甚至是某句话，但绝不是孤立地"死抠"字眼儿，而是灌注着某种融通——与上下文、与相关文本、与作者其人其事、与诸家点评诠释、与各种不同见解以及自己的生活经验，紧密而有机地勾连着。这便是深入。一个人，皓首穷经，即使书读得再多，倘不融通，顶多是"书架子"，谈不上深入。张子锷先生的名言是"桶水""杯水"：

如果讲给学生听的是一杯水,那么教师必须有一桶水。讲授经典,只有这样才能深入浅出。

经典之所以为经典,在于历经千百年而依然具有鲜活的生命力。因此对经典的阅读,应力求读出自己真切的体验。如本书开篇的《采薇》,杨老师的体验就真切而独到。而之所以取得这种体验,非反复揣摩、深刻理解、触类旁通不可。

对经典的理解是没有止境的。如果用"那人却在灯火阑珊处"来形容我们对经典的深入理解,应当也是贴切的。历经求索,终于有所发现,而灯火阑珊,意犹未尽!在深入理解经典上,宜秉承这种态度。而给学生讲授经典,也宜这样确定目标。

恰当确定目标,利于深入浅出。杨老师这本书定名为《亲近经典》,他所追求的是学生对经典的不断"亲近",我十分赞成。"亲近",突出了经典阅读中情感的重要性。教师本人对经典的阅读,若不能发现足以打动自己的东西,又怎么可能去打动学生?对教师来说,这是对深入理解很高的要求。而在教学目标上,着眼于情感,也很符合提高阅读写作修养的实际。"情感"包含大量"表象"层面的认知。对绝大部分人的阅读写作来说,倘若拥有基于表象层面的丰富积累,即已足够。如此立意,利于解放教师手脚,利于增强讲授的吸引力,利于打动学生。这与遵循文本解读常规,从时代、作者、内容、形式等方面逐一解说,是大异其趣的。杨老师的讲授,既紧扣经典文句,又天宽地阔,极擅旁征博引,均体现"亲近"立意。

天宽地阔地"讲",对吗?"给"的太多,行吗?可能有人会有这样的担心。其实大可不必。在阅读能力的构成中,除了字词的"确认"绕不过去,其余所需要的,主要是丰富的常识,包括言语经验、生活体验。

除了专业研究者的专业研读，对一般人的阅读来说，基本不需要太看重什么"专识"。在我们确定阅读教学目标时，实不宜过分看重概念性专门知识的"砸实"。杨老师为了使学生"亲近经典"，很注重帮助学生打开眼界，让学生对传统文化增多"耳濡目染"，这是极好的事！至于学生多掌握点，还是少掌握点，掌握到什么程度，完全可各取所需。这符合深入浅出原则。而若斤斤于什么"知识点"反复"砸实"，恐难免"浅入浅出"，索然寡味。

要深入浅出，讲授便不可千篇一律。分段分层——概括大意——归纳主题——分析艺术表现，或者从头到尾"串讲"，这都无不可，也有能这么把经典讲好的。但千篇一律，就欠妥了。何况这么讲，往往与学生阅读实际的距离较远。所以，要提升教学互动质量，就要善于变化。教师讲授为主，还是学生活动为主，是两大维度。从讲授上说，也可变化多端。把长文讲"短"，让分量沉重的经典举重若轻；取精用宏，让芥子之微亦可折射大千世界；置身于听讲者立场，坦言个人体验过程；综合提炼，搭好"阶梯"，使学生思有所得、学有所获；指点方法，做出示范，为学生自读提示多种门径。在杨老师的这本讲稿中，可见出他在这诸多方面的默运匠心。

不过万变不离其宗。不管变换哪种方式，教师一定要千方百计提高讲授的启发性。教师若把启发学生思维贯穿于讲授之中，那么他的讲授，必能较好体现深入浅出原则。若讲授不看对象，不尊重学生，就很易犯深入深出、浅入浅出的毛病。所谓启发，必是讲授者确有某种较深体会，通过讲授，使学生不断有所发现：嗯，原来是这样！不，原来是那样！哦，居然是这样！倘若讲授者在思维强度上把握得当，那么各类学生必有豁然开朗之感，甚至醍醐灌顶之快，那便是最成功的启发式讲授，也一定是最好的深入浅出。

前边所说杨老师的匠心，都可视为启发之法，但真收启发之效，关键还在于启发得当。一般来说，只要选准话题，不搞平面化的贪大求全，而把握住与学生求知欲相契合的合理思路，反复质疑问难，层层深入，不断打开学生视野，使学生不断有所发现，那么，这样的讲授必有很大启发性。这些不妨称为启发式讲授"诸元"吧。在杨老师的讲稿中，我感到他对这些是了然于胸的。

书中善于启发的例子很多，《吾与点也》便很有代表性。这篇讲稿在对作品理解的深度上，达到很高水准。但作为"听讲"的学生却绝不会感到隔膜。原因在于讲授思路与学生的求知欲高度吻合。讲授中的追问，穷原竟委，合情合理，牢牢吸引着学生。杨老师从"吾与"讲起，"吾"——孔子，他在"三子"各言其志之后，为什么"独与"曾皙呢？那么"三子"之志是什么。曾皙之志又是什么呢？由此转进，从曾皙的太平图景，进而谈到其本质，从而使学生领悟到孔子"吾与"两字所表达的神往之情。但到这里，思考并没停下来，又进一步探讨孔子"喟然"背后的复杂情感：不能说孔子全无偕隐之意，也不能说孔子不赞同"三子"之志，杨老师最终以极充分的理据，有力烘托出孔子那令人肃然起敬的家国情怀。在这循序渐进的剖析中，再现了"四子侍坐"的情境，绘声绘色，如在眼前；融汇古今，如数家珍，极大拓展了学生的视野；而讲授者信手拈来的"权威"诠释，更大大强化了讲授的折服力。在这样的讲授中，清晰与宏赡水乳交融，花开千朵，一本所系。"吾与"二字中的"吾"，始终是学生思考的重点，孔子思想中的精华，具体、丰富、深刻地撼动着学生心灵。读《吾与点也》，令我不由得对杨老师当时的教学悠然神往！

深入浅出，不是单纯的方法问题，它反映着讲授者所追求的某种境界。讲授者对所讲内容，必欲掌握得深入再深入，而绝不满足于机械重复别人说过什么话。唯使其言若出己之口，其意若出己之心，始能不断深入。至于"浅出"，本质上是与对话者平等、尊重态度的某种外化。作为教师，不断提高自身修养，便不难打开与学生"分享"某种发现的大门，使情感的沟通、经典的亲近，入于坦途。

志刚书成，坚请为序。上面说了许多话，不免拉杂，言不尽意，聊以四中传统共勉云。

二〇二〇年，庚子上元之日

第一篇

初恋《诗经》
——《诗经·小雅·采薇》

采薇采薇,薇亦作止。

曰归曰归,岁亦莫止。

靡室靡家,猃狁之故。

不遑启居,猃狁之故。

采薇采薇,薇亦柔止。

曰归曰归,心亦忧止。

忧心烈烈,载饥载渴。

我戍未定,靡使归聘。

采薇采薇,薇亦刚止。

曰归曰归,岁亦阳止。

王事靡盬,不遑启处。

忧心孔疚,我行不来。

彼尔维何?维常之华。

彼路斯何？君子之车。

戎车既驾，四牡业业。

岂敢定居？一月三捷。

驾彼四牡，四牡骙骙。

君子所依，小人所腓。

四牡翼翼，象弭鱼服。

岂不日戒？玁狁孔棘。

昔我往矣，杨柳依依。

今我来思，雨雪霏霏。

行道迟迟，载渴载饥。

我心伤悲，莫知我哀。

我时常想起《采薇》中的四句诗："昔我往矣，杨柳依依。今我来思，雨雪霏霏。"这里面有我青葱的记忆。

一

十九年前的一天，我推开剥蚀了紫檀色油漆的木门，走入了县城唯一的书店。窗外射进几缕阳光，光柱里飞腾着细细的灰尘。零星的顾客出入时，木门发出吱呀的声响，收银员才懒懒地睁开眼。我在书店里徘徊了一上午，只为自己挑选一本书。

那天买来的书现在就在我手边，扉页上写着一行字：购于一九九七年元月二十二日。元月二十二日，这是一个让我很为难的日子。临近放假，钱基本已经花完。定价二十二块三，已经是我一周的伙食费了。我在那位收银员的长久打量下买走了这本厚得像本字典、贵得有些离谱的书。

这本书叫《诗经》，湖南出版社版本。

二

如今翻开这本一九九三年出版的《诗经》，给人的感觉有些奇怪。左首页面双栏布局，《诗经》的正文在左，现代译文在右；右首页面，对照的是英文译文。

换成今天，我一定不会买这本书。如果想了解《诗经》，我有《诗经译注》《诗经新注》《诗经别裁》《诗经析读》《诗经全注全译》等；如果想研究《诗经》，我有《十三经注疏》《诗三家义集疏》《韩诗外传》《诗集传》《毛诗传笺通释》《诗经原始》等。但当时的我，对上述的书籍毫不知晓，仅仅听说过中国有一本最早的诗歌总集叫《诗经》，那是一部极重要的典籍。

黑色的套封，烫金的花纹，图案大概是采自汉代壁画。那时我已经在书店里游荡了很久。把这本《诗经》抽出书架，拂去书顶侧的灰尘，翻开那泛黄的书页。冬日的暖阳打过来，洒在"国风"上，洒在"小雅"上。走入了历史的隧道，我既好奇又沉静。几乎没有太多犹豫，我立即付钱，一路轻盈地走回几里之外的学校。

你肯定会想，我一定如饥似渴地去阅读这本书，事实上你想错了。仔细看了几页后，我发现这本书并不适合我。没有注释的《诗经》，根本不是一个穷乡僻壤的高二学生所能看懂的,更遑论其英文翻译了。我只能挑选其中"明白如话"的诗歌片段,偶尔翻上一翻。

至于那时我曾读过这本《诗经》中的哪些诗篇,几乎都不能记起了。时至今日,仍能萦怀的仅有《采薇》中的那十六个字——

昔我往矣,杨柳依依。今我来思,雨雪霏霏。

我曾把这十六个字抄录多遍,甚至写在时时能看到的地方。十七岁的我,还留着"郭富城式"的一头不算短的头发。在书本堆叠如山的课桌上,藏着一面梳头用的小圆镜子。我用翠绿色的彩纸把镜子背面艳俗的图片换掉,抄录上这十六个字。我甚至在老师讲课时,也时常在课本的掩护下,掏出镜子照一照自己的头发,再翻过来审视这十六个字。

在翠绿色彩纸的烘托下,我认为这诗境柔美异常。想一想吧,杨柳娉娉婷婷,垂下稠密但不失舒爽的千丝万丝,春风轻拂,袅娜而动。雪花纷纷而落,闪着晶莹的微光。世界是静谧的,更是浪漫的。在十七岁少年的心里,有了"杨柳依依"与"雨雪霏霏"的烘托,离别、归来,都不能被赋予浓烈的色彩,一切都是柔美的,都是充满诗意的。以此,来对抗我那段干瘪的高中生活。

三

多年后我成为了语文老师,曾暗笑自己当年的稚嫩。当时所谓的柔美与诗意,其实纯属个人感受,且断章取义。

《采薇》中虽有对军容盛大而带来自信的摹写,但更多是在写那位征人思归不得的辛酸。只看"雨雪霏霏"之下的几句便可一目了然——

行道迟迟,载渴载饥。我心伤悲,莫知我哀。

他饥渴交加,他伤心异常,他发出了无人知晓的浩叹。当年离家,远征猃狁。那日春风暖阳,依依杨柳,多么温暖,可他却在品尝生离死别之苦。如今他返归故土,心中欢欣,可这天空却纷纷扬扬播撒着冰冷的雪花。王夫之点评说:"以乐景写哀,以哀景写乐,一倍增其哀乐。"(《姜斋诗话》)这让人想起一首乐府古诗:

> 十五从军征,八十始得归。
> 道逢乡里人,家中有阿谁?
> 遥看是君家,松柏冢累累。
> 兔从狗窦入,雉从梁上飞。
> 中庭生旅谷,井上生旅葵。
> 舂谷持作饭,采葵持作羹。
> 羹饭一时熟,不知贻阿谁。
> 出门向东看,泪落沾我衣。

《采薇》中的那位征人,大概也有如此感慨。在生命的春天离开家乡,生离死别。本应欢欣地归来,却物是人非,人生进入了冬季。十六字之中,有多少期待,多少忍耐,多少酸辛,多少无奈!方玉润说:"今何幸而生还矣,且望乡关未远矣,于是乃从容回忆往时之风光,杨柳方盛;此日之景象,雨雪霏霏。一转晌(按:同'瞬')而时序顿殊,

故不觉触景怆怀耳。"又说:"不然凯旋生还,乐矣,何哀之有耶?"(《诗经原始》)

又或假如当年我关注了许渊冲先生对这十六字的英文译文,理解上也许不会也有如此的偏差。英文译文:

When I left here,
Willows shed tear.
I come back now,
Snow bends the bough.

将其译回汉语,便是——

当我离开,
杨柳垂泪。
如今归来,
雪压松枝。

这几句英文虽不能传递汉语诗歌的丰富含蕴,但对情感走向的把握还是准确的。

如今,我再讲解这十六字的话,肯定会告诉学生这是典型的"乐景写哀情"。我时常告诉学生,读诗要有整体关照的眼光,从把握诗人情感走向入手,再去揣摩景物描写所蕴含的情感,答题才能正确。断章取义,仅仅从景物的特点去推知作者的情感,答题便会出错。

然而,这样的说教我当年也并没有遵守。大概对于一个十几岁的孩子来说，读诗首先是情感的投入，先爱上诗，再谈及去解读诗。这就像初恋一样：我喜欢她就是喜欢她，不必经过什么逻辑分析的过程。先考察其工作，再盘查其家境，那是相亲，不是恋爱。

2016.2.1

音频版入口

第二篇
恋爱如火　婚姻似冰
——《诗经·卫风·氓》

氓之蚩蚩，抱布贸丝。
匪来贸丝，来即我谋。
送子涉淇，至于顿丘。
匪我愆期，子无良媒。
将子无怒，秋以为期。

乘彼垝垣，以望复关。
不见复关，泣涕涟涟。
既见复关，载笑载言。
尔卜尔筮，体无咎言。
以尔车来，以我贿迁。

桑之未落，其叶沃若。
于嗟鸠兮，无食桑葚。
于嗟女兮，无与士耽。
士之耽兮，犹可说也。

> 女之耽兮，不可说也。
>
> 桑之落矣，其黄而陨。
> 自我徂尔，三岁食贫。
> 淇水汤汤，渐车帷裳。
> 女也不爽，士贰其行。
> 士也罔极，二三其德。
>
> 三岁为妇，靡室劳矣。
> 夙兴夜寐，靡有朝矣。
> 言既遂矣，至于暴矣。
> 兄弟不知，咥其笑矣。
> 静言思之，躬自悼矣。
>
> 及尔偕老，老使我怨。
> 淇则有岸，隰则有泮。
> 总角之宴，言笑晏晏。
> 信誓旦旦，不思其反。
> 反是不思，亦已焉哉！
>
> ——《诗经·卫风·氓》

《氓》这首诗记录了周代的一段婚恋故事。

恋爱这种事，古今的差异其实并不算大。所有"成功"的恋爱，想必都是火一样热的。一见钟情，不管不顾，任由着性子行事，空气中弥漫着感性的兴奋。在恋爱之火的炙烤下,情绪能鼓涨很多倍。

一

不像《诗经》中很多篇章都要有几句"起兴"那样,《氓》开篇便直赋其事,男主出场——

> 氓之蚩蚩,抱布贸丝。

氓——女主的情郎——揣着钱来购买女主的丝。注意他的表情——"蚩蚩"——笑嘻嘻地。有人说"蚩蚩"是"敦厚之貌"(《毛传》),那就更好啦!这个小伙子可靠且不古板,哪里去找如此好性情的情郎呢!

恋爱中的女子,多数会看重男方的性情,大概有日后托付终身的考虑。恋爱中的男子则是这样:

> 野有蔓草,零露漙兮。
> 有美一人,清扬婉兮。
>
> ——《诗经·郑风·野有蔓草》

姑娘像露珠那样珠圆玉润,"眉目之间婉然美也"(《毛传》)。显然,男人是典型的视觉动物。对方能否散发出女性的魅力,是能否一见钟情的首要因素。写一见钟情故事的经典之作——白朴的元杂剧《裴少俊墙头马上》——也自然如此,女主在男性中的第一眼,是仅以其美貌而存在的——

你看他雾鬓云鬟，冰肌玉骨，花开媚脸，星转双眸。只疑洞府神仙，非是人间艳冶。

由此，我推测《氓》中的女主虽不见得花容月貌，也定是很性感的，是散发着青春女性的魅力的。所以男主"匪（按：同'非'）来贸丝，来即我谋"。他并非真来买丝，他要买的，是姑娘的芳心。如果从下一句"送子涉淇，至于顿丘"来看，女主毫无招架之力，迅即为爱情所捕获。不过，这在诗中并未明言，其间的"断裂"需要我们读者来合理补足。

无疑，恋爱是需要新鲜感的。来源于生活的无数狗血剧告诉我们：邻家哥哥多是女孩情窦初开时的暗恋对象，芳心已动之时突然跳出的那个"外来人"，才多是"真命天子"。

"氓"恰好符合这一规律。从"氓"这个字的字义来看，男主是一位外地来的小伙儿。从诗的情节来看，相送还要过河，也能证明男主并非本乡人。更要命的是，他还会"蚩蚩"——懂得如何捕获女孩儿的芳心。

刘义庆《幽明录》（《太平广记》卷二百七十四引）记载了一个名为"买粉儿"的故事，与《氓》类似。说有个富二代逛市场，偶遇一个卖胡粉（按：一种化妆品）的女子，瞬间为其美艳所勾摄。但富二代无由表达爱意，便天天去买女子的胡粉，以此来创造见面机会。时间一长，女子不免生疑：此人天天前来，可为何一言不发？终于忍不住问富二代：你总来买我的东西，却又一言不发，意欲何为？富二代这才吐露心声：姑娘，我太喜欢你了，买粉是假，每天渴盼一睹芳容，才是我的目的啊！这个故事的结局，恰与《氓》如出一辙：

女怅然有感,遂相许以私。

"有女怀春,吉士诱之"(《诗经·召南·野有死麇》)。大概没有哪个情窦已开的女子能抵挡住如此的爱情攻势。

即便没有"买粉儿"那样的周折,一见钟情也是极有可能发生在适龄男女之间的。如白居易《井底引银瓶》(按:白朴《墙头马上》的蓝本)所写:

> 笑随戏伴后园中,此时与君未相识。
> 妾弄青梅凭短墙,君骑白马傍垂杨。
> 墙头马上遥相顾,一见知君即断肠。

女子"一见知君即断肠"后,便"暗合双鬟逐君去",与白马郎君私奔了。

回到《氓》中来。

二人一见钟情后,便开始交往。交往过程中,女主表现得极为投入。"送子涉淇",蹚过汤汤的淇水送情郎,她也是拼了。此外,诗中提到淇水,大概还暗示了此时女主已经以身相许。《诗经·鄘风·桑中》说:

> 期我乎桑中,要(按:同"邀")我乎上宫,送我乎淇之上矣。

淇水之畔的"上宫"即高禖庙,是男女欢会的场所。《氓》中的这对恋人很可能已经"适我愿兮"(《诗经·郑风·野有蔓草》)了。

恋爱中的男子总像一头发了情的小公牛。我们的男主迅即提出结婚

的要求——"来即我谋",女主则认为这事不能急,论理应明媒正娶。不知出于何种原因,男主竟勃然大怒,说:

我是我们自己的,他们谁也没有干涉我的权利!

——鲁迅《彷徨·伤逝》

不过别当真,这说辞太前卫了,是鲁迅笔下的"五四"青年才能说出的。从诗歌"以我贿迁"——女子倒贴嫁妆——来看,估计男主拿不出像样的彩礼,才无法明媒正娶的。他仅能以"旦旦"之"信誓"来向女主保证,表明其永不相弃之心。

大概我们的女主此时还没有认识到,海誓山盟并不能约束她的情郎,便像哄孩子一样地说:

将子无怒,秋以为期。

亲爱的你不要不高兴嘛,秋天我便跟你走!此时,她已进入了不管不顾的感性兴奋模式。

秋天到来之前的这段日子里,女主频频与情郎约会:

乘彼垝垣,以望复关。
不见复关,泣涕涟涟。
既见复关,载笑载言。

女主豪爽泼辣,又带有几分俏皮,骑在断墙上张望情郎。她的情绪波动很大,不见情郎,"泣涕涟涟"。《鲁诗》此处作"波涕涟涟"。泪水如波,横流满面,不雅的哭法,更见女主的性情。见到情郎,其情绪又来了个一百八十度大转弯——"载笑载言",又说又笑,活像春天里的山燕子。

至此,如火的爱情已全部落幕。那么,迎接女主的婚姻,会怎样呢?

二

上文说到"婚姻"二字,其实并不恰当,说"同居"大概更符合实际些,因为两人并没有经历礼俗婚仪的过程。

女主来到情郎家后,等待她的不再是柔情蜜意,而是生活的艰辛:

自我徂尔,三岁食贫。

看来男主真的拿不出像样些的聘礼!

尽管如此,女主却毫不嫌弃,"寒窑虽破能避风雨"即可,只要"夫妻恩爱苦也甜"。所以她:

三岁为妇,靡室劳矣。
夙兴夜寐,靡有朝矣。

多年来她早起晚睡,洒扫庭除,洗衣做饭,采桑养蚕,喂狗养鸡。生活的困穷,劳作的艰辛,让女主迅速沦为黄脸婆:

桑之未落，其叶沃若。

桑之落矣，其黄而陨。

前文已说过，她原本也并不见得有多美，但其生命是如青草般润泽的。无奈，此时却黄叶飘零。如果你想想终日劳作在田间农妇的脸，或是想想经历了十年还债生活的玛蒂尔德的手，便能想见这位女子的容颜了。

她为这个家的辛勤付出，却没有阻止情郎的负心：

士也罔极，二三其德。

男人得不到时永远在骚动，得到后便有恃无恐。"言既遂矣，至于暴矣"——男主开始实施家庭暴力。

男主负心如此，《郑笺》却试图开脱，说："士有百行，可以功过相除。至于妇人无外事，维以贞信为节。"钱钟书也说："古之'士'则登山临水，恣其汗漫，争利求名，得以排遣；乱思移爱，事尚匪艰。"（《管锥编》）不错，男人是要有事业，要去争利求名。退一步讲，我们的这个负心汉有事业吗？

对不起，没有！

家里穷得叮当响，哪有事业可言！他充其量还是那个走街串巷的小贩。既如此，他又有何资本向女主暴横放刁？（当然，有事业也不能暴横放刁）

我想，让男主有恃无恐的最重要原因，便是女主乃私奔而来。诗中说：

兄弟不知，咥其笑矣。

静言思之，躬自悼矣。

男主负心负得毫无顾忌，或说他根本没有什么"犯罪成本"。如是明媒正娶，男主尚需承受一定社会舆论的压力，女主大概也可以仰仗娘家人为自己撑撑腰。即便被休抛弃已成定局，至少还能让这个"中山狼"尝几记小舅子的老拳，出口恶气。可因其私奔，娘家兄弟非但不为老姐撑腰，反而还耻笑她的不检点。《井底引银瓶》里也有类似境遇的哭诉：

聘则为妻奔是妾，不堪主祀奉蘋蘩。

终知君家不可住，其奈出门无去处。

岂无父母在高堂，亦有亲情满故乡。

潜来更不通消息，今日悲羞归不得。

三

恋爱需要激情，婚姻应当谨慎。

即使在今天这个比较开明的时代，婚姻也绝不可马虎行事，更何况《氓》是发生在两千多年前的礼法社会。《礼记·昏义》中说：

昏（按：同"婚"）礼者，将合二姓之好，上以事宗庙，而下以继后世也，故君子重之。

毋庸讳言，这里所说的婚姻是忽略爱情元素的。男女婚配，是为了告慰祖宗和传宗接代。根据《礼记·昏义》，成婚有一套繁琐的礼数与之匹配，从男方来说：

第一步：纳采（征得女方家长同意）

第二步：问名（遣媒询问女方姓氏与生辰）

第三步：纳吉（归卜于庙，吉兆则与女方订婚）

第四步：纳征（又称"纳币"，向女方下聘礼）

第五步：请期（确定迎娶之期）

第六步：迎娶（按约定之期，子承父命迎娶新娘）

上述过程叫"六礼"。如无或不完整，则不能视之为合于礼法的婚姻，所谓"聘则为妻，奔则为妾"（《礼记·内则》）。女子一旦私奔，人皆轻之。"自媒之女，丑而不信"（《管子·形势》）。意即，女子私奔便是自轻自贱。在白朴《墙头马上》中，公爹裴尚书发现私奔而来的儿媳李千金后，曾有一番讯问：

〔正旦云〕相公可怜见，妾身是少俊的妻室。

〔尚书云〕谁是媒人？下了多少钱财？谁主婚来？

……

〔尚书怒科，云〕这妇人决是娼优酒肆之家！

〔正旦云〕妾是官宦人家，不是下贱之人。

〔尚书云〕喏声！妇人家共人淫奔，私情来往，这非过逢赦不赦。送与官司问去，打下你下半截来。

在公爹裴尚书心中，良家女子是绝不会与人私奔的。毋庸置疑，这个判断并不准确，更不适用于所有的情况。但私奔而"非礼"同居，在中国的语境下，尤其在古代，女方的确有自轻自贱的嫌疑。因为一旦私奔为妾，女子便将自己对命运的把控权，完全交给了上帝，而上帝却常常是一个爱搞恶作剧的小男孩儿，根本不靠谱儿。古代中国是典型的男权社会，即便你是正妻，尚有动辄被"七出"的危险，何况等同于私有财产、可以买卖的"贱妾"呢！

当然，必须承认，古时经父母之命、媒妁之言的婚姻，稳定性有是有了，爱情的空间却挤压殆尽。而私奔虽然高风险，却毕竟体验到了爱情的滋味。

大概古人也希望爱情与婚姻能完美地结合在一起，《诗经》开篇的《关雎》便是如此：

窈窕淑女，君子好逑。

君子追求淑女，自然算得是爱情。况且这期间还有曲折：

求之不得，寤寐思服。
悠哉悠哉，辗转反侧。

但是，要注意诗歌最后几句：

窈窕淑女，琴瑟友之。
……

窈窕淑女，钟鼓乐之。

琴瑟和谐，可见其爱情之融洽；钟鼓响起，可见其步入了婚姻的殿堂。汉儒说这首诗能给天下夫妇作标杆，是有一定道理的，因其遵循了这样的原则：

发乎情，止乎礼义。

——《毛诗序》

所以，在《井底引银瓶》中，白居易虽将私奔之女的爱情描写得美丽而浪漫，却也对其被抛弃的遭遇感到伤心。所以，出于保护女孩儿的角度，白居易在诗歌的结尾语重心长地说：

寄言痴小人家女，慎勿将身轻许人！

2016.4

补记：

本文中，我虽然也说过"私奔虽然高风险，却毕竟体验到了爱情的滋味"这样的话，但总体上对弃妇还是少有褒扬的。近日读到王志彬先生《城墙上的守望》（载于《北京四中语文课：名篇品读》）一文，深有同感，其文能补我之不足。现摘录如下，以备读者诸君参考：

一般而言，弃妇会以一种什么样的姿态和口吻来回忆抛弃自己的男人的一切呢？现实生活中，我们所碰到的大约多是怨恨，一概抹杀的，甚至再也不相信爱情了。《氓》中的这个女子尽管被抛弃了，可是在回忆当初的那份爱的甜蜜时，依然充满生命的欢愉，当然这份欢愉多少涂抹了一层阴影。一个女子被一个男人始乱终弃，男子真不是东西。可是在这个女子这里，有一种难得的宽恕和谅解。王蒙的《新疆精灵》里，写一个女孩子爱上了一个男子，遭到全家人的反对，但她执意相随，宁可舍弃父母家人和正式工作，远赴他乡嫁给了他。这样动人心魄的爱情结果应该是他们从此过上了幸福的生活，可是，现实生活的困窘让他们的感情日益淡薄。这让我想起鲁迅先生的《伤逝》，生活的琐屑恰如满地鸡毛，纷扰无奈，令人艳羡的爱情终以悲剧收场。

很容易从结果上推理出"不听老人言，吃亏在眼前"之类的道理，但是，王蒙却说，虽然他也为这个故事的结尾感到难过，但还是相信，这个女孩子一定得到过别人所无法想象的快乐。这话说得真是让人温暖，比起那些貌似善良的关心、同情与训诫，王蒙的话至少给这个受伤的女人一些生命的愉悦和亮色。

想起张爱玲和胡兰成。胡兰成一辈子处处留情，一面爱着张爱玲，一面却又和别的女人结婚，而且还拿着张爱玲给的钱维持着生活。胡兰成多情却也寡情，典型的花心大萝卜，可是在张爱玲，除了胡兰成，自己的爱情之花再也没有开过。当我们都为张爱玲叫屈的时候，她却说："因为懂得，所以慈悲。"

2019.11.27

附：白居易《井底引银瓶》

止淫奔也。

井底引银瓶，银瓶欲上丝绳绝。

石上磨玉簪，玉簪欲成中央折。

瓶沉簪折知奈何？似妾今朝与君别。

忆昔在家为女时，人言举动有殊姿。

婵娟两鬓秋蝉翼，宛转双蛾远山色。

笑随戏伴后园中，此时与君未相识。

妾弄青梅凭短墙，君骑白马傍垂杨。

墙头马上遥相顾，一见知君即断肠。

知君断肠共君语，君指南山松柏树。

感君松柏化为心，暗合双鬟逐君去。

到君家舍五六年，君家大人频有言。

聘则为妻奔是妾，不堪主祀奉蘋蘩。

终知君家不可住，其奈出门无去处。

岂无父母在高堂，亦有亲情满故乡。

潜来更不通消息，今日悲羞归不得。

为君一日恩，误妾百年身。

寄言痴小人家女，慎勿将身轻许人！

音频版入口

第三篇
诗的A面与B面
——《诗经·魏风·伐檀》

坎坎伐檀兮，置之河之干兮，河水清且涟猗。

不稼不穑，胡取禾三百廛兮？

不狩不猎，胡瞻尔庭有县貆兮？

彼君子兮，不素餐兮！

坎坎伐辐兮，置之河之侧兮，河水清且直猗。

不稼不穑，胡取禾三百亿兮？

不狩不猎，胡瞻尔庭有县特兮？

彼君子兮，不素食兮！

坎坎伐轮兮，置之河之漘兮，河水清且沦猗。

不稼不穑，胡取禾三百囷兮？

不狩不猎，胡瞻尔庭有县鹑兮？

彼君子兮，不素飧兮！

——《诗经·魏风·伐檀》

我上高中时，语文教材从《诗经》中选了两首诗，其中就有这首《伐檀》。①现在当语文老师教《诗经》，教材（北京版）中还有《伐檀》。②

一

毫无疑问，《诗经》中的优秀篇章俯拾皆是。为何单单这首《伐檀》能在教材中"永葆青春"呢？我猜，大概认为它是一首反映压迫与反抗的作品。③

我就读高中时语文教材的"预习提示"④说：

> 《伐檀》是古代伐木的奴隶们创作的诗歌。这首诗描写了伐木者的艰辛，通过奴隶们对不劳而获的奴隶主的责问和讽刺，表现了被剥削者的奴隶们内心的愤恨不平。

翻开2006年审定通过的北京版高中语文教材，上面还写着：

> 《伐檀》是伐木的奴隶斥责不劳而获的贵族的歌。

教材的"旁批"又说：

---

① 另一首是《硕鼠》。
② 另一首是《氓》。
③ 程俊英和蒋见元两位先生写于1987年、出版于1991年的《诗经注析》，依然如此评价此诗："对剥削者的寄生生活表达了强烈的憎恨和辛辣的嘲讽，是《诗经》中斗争性的现实主义作品。"又说："一正一反，一热一冷，这种前后迥异的艺术手法正适宜表现阶级对立的思想内容。"
④ 《高中语文教材（必修五）》，人民教育出版社，1990年版，页89。

"不稼不穑"等几句,有凛然的质问,辛辣的嘲讽,无情的斥责。

其实,上述这类评价渊源有自,早在20世纪20年代,顾颉刚便曾说:

这明明是一首骂君子不劳而食的诗。

——顾颉刚《古史辨》

胡适也曾说:

你看那《伐檀》的诗人,对于那时的"君子",何等冷嘲热骂!

——胡适《中国哲学史大纲》

郭沫若也曾说:

阶级的不平等已经发现了。

——郭沫若《中国古代社会研究》

高亨还曾说:

劳动人民在给剥削阶级砍树的劳动中唱出这首诗,讽刺剥削者不劳而获,过着寄生虫的生活。

——高亨《诗经今注》

顾颉刚、胡适、郭沫若和高亨堪称"四巨头",足够权威。顺着他们的思路，诗歌就应该这样理解：

我们这些命苦的奴隶呀！
一刻不停地伐檀造车。
那些贵族老爷们呐！
不种地却有那么多的粮吃，
不打猎却有那么好的肉吃，
他们简直是不劳而获、吃白食的呀！

无疑，这是以奴隶或说劳动人民的口吻吼出的战斗檄文，既有"匕首""投枪"般的直接斥责，又有故意使用反语的"冷嘲热骂"。

不过，这样的理解只是诗歌的"A面"。

二

清代及以前的封建社会对此诗的理解，却有与A面判若云泥的"B面"。毛、齐、鲁三家诗都认为：《伐檀》的吟唱者是诗中的"君子"，[①] 而不是奴隶或者劳动人民。

---

① 《毛序》《鲁诗》两家对诗旨的理解虽有差异，但在君子受排挤、不得重用这一点上，仍然是共识；《齐诗》认为，此诗在于讽刺"功德不施于天下"之人，视角仍以君子为出发点。《毛序》："刺贪也。在位贪鄙，无功而受禄，君子不得进仕尔。"《鲁诗》："魏国之女所作也，伤贤者隐避，素餐在位，闵伤怨旷，失其嘉会。夫圣王之制，能治人者食于人，治于人者食于田。今贤者隐退伐木，小人在位食禄，悬珍奇、积百谷，并包有土，德泽不加百姓。伤痛上之不知，王道之不施，仰天长叹，援琴而鼓之。"又曰："其诗刺贤者不遇明主也。"《齐诗》："功德不施于天下而勤劳于百姓，百姓贫陋困穷而家私累万金，此君子所耻而《伐檀》所刺也。"

清人方玉润在《诗经原始》里折中各家观点后，认为《伐檀》：

伤君子不见用于时，而耻受无功禄也。

大意是：《伐檀》是一首感伤君子被排挤、居非其位的诗，且君子以吃白食、不发挥应有作用之现状为耻辱。

同一首诗出现了截然不同的理解，哪种更符合诗歌原意呢？

我的看法是，B面比A面更合理，即古人的理解更合理。

诗歌的理解当然可以因人因时而异。不过，诗歌文本本身的"召唤"，是做出正确理解的基础。正如虽说一千个读者可以有一千个哈姆莱特，但哈姆莱特毕竟是哈姆莱特，绝不会太走样而变成孙悟空。

前面提及的"四巨头"的理解，显然有其鲜明的时代背景。20世纪初期，中国内忧外患，国人一心向西方看齐，以否定传统的方式来寻求自救。他们将《诗经》拉下"经"的神坛，视之为所谓的"民歌"。诗意上也将古人的理解打入冷宫，极力出新。加之后来受"阶级斗争"思潮的影响，《伐檀》更是成了反映阶级压迫与反抗的"排头兵"。这大概也是《伐檀》一直入选中学教材的主要原因。

然而，今人的理解很有断章取义的嫌疑。

我们先不去计较奴隶们能否唱出有如此水平的诗歌，[①]单就理解的准确性与全面性来看，诗中"置之河之干兮，河水清且涟猗"两句便被A面忽略了，成了可有可无的陪衬。正如姚际恒所言："河水清且涟猗竟无著落。"(《诗经通论》)

伐檀造车后，将其放置到河岸，是要干什么？奴隶们制造的难道是

---

① 自然，我认为绝无可能。

水陆两栖战车?所以,"置之河之干兮"应理解为"比",意味着君子被弃置于无用之地。正如南宋人范处义所说:"檀,木之良者,可以为车之轮辐,今乃伐而置之无用之地。"

"河水清且涟猗",描绘的景色柔和美好,显然也不宜用来渲染奴隶们劳苦愤怒的心情。如心中真有怨怼之气,描写河水波涛汹涌才更合情理。

再者,"河水清且涟猗"一句也并非眼前之景。《伐檀》属于"魏风",流经古魏国的黄河并不清澈。李山先生说:

> 河水在古魏国的流段,南有崤山,北有中条山,两山相夹,为巨大谷地,水流汹涌,河水也不会变清。这就是说,诗人所谓的"河水清",不是实见之景,而是祈愿之辞。
>
> ——李山《诗经析读》

由此,"河水清且涟猗"一句应理解为:何时眼前才能见到"清且涟"的黄河水?这,显然是诗人渴盼政治清明的委婉表达!

退一步讲,就算这是一首饱含愤慨的诗,斥责别人总要讲求逻辑吧!如果真是一群伐木的奴隶在怒斥压迫他们的贵族,是不是该这样说:

车是我制造的呀!
你什么也不干,
却舒舒服服地坐着我造的车呀!

对不对?让身为"造车工人"的奴隶们去斥责贵族不种地、不打猎之事，总不能算逻辑严谨吧！

读书要讲"真、善、美"，且"真"字当头，即首先要仔细分析文本，绝不能主观臆断来"屈文就己"。

三

当然，我也并没有说古人的理解就完全对。比如《毛序》就有问题。《毛序》说：

> 刺贪也。在位贪鄙，无功而受禄，君子不得进仕尔。

《毛序》所谓的"刺贪""在位贪鄙，无功而受禄"，显然是指"不稼不穑，胡取禾三百廛兮？不狩不猎，胡瞻尔庭有县貆兮"这四句。但是，不亲身从事农牧业生产，是不是就是"无功而受禄"呢？

我看未必。这需要历史地看问题，才能得出正确的结论。

清人姚际恒说：

> 君子何必从事体力劳动呢？种地、打猎这都是老百姓该去做的。君子如果也去做这些鄙事，怎么能显示他们的贤德呢？①

姚际恒的话，听起来很不符合现代意识，但却是古人的常识。战国时期的孟子便认为，"劳心者治人，劳力者治于人"（《孟子·滕文公上》）。

---

① 姚际恒《诗经通论》："夫君子之人岂必从事力作？即从事力作，如伐檀及稼穑、狩猎诸事，庸夫类为之，皆自食其力；君子为此，何以见其贤？"

孟子力挺脑力劳动能创造出更多的社会价值，他还专就《伐檀》发表过意见：

公孙丑曰："《诗》曰：'不素餐兮！'君子之不耕而食，何也？"

孟子曰："君子居是国也，其君用之，则安富尊荣；其子弟从之，则孝悌忠信。'不素餐兮'，孰大于是？"

——《孟子·尽心上》

大意是：公孙丑问孟子，君子为什么能"不耕而食"，这岂不是吃白食？孟子说，"不耕而食"恰是君子能做出更大社会贡献的体现。只有从事脑力劳动的君子出手，国家才能富强，社会道德才能提升。①

劳动，有体力劳动与脑力劳动之别。脑力劳动同样也是劳动。质疑或否定脑力劳动的想法和做法，无疑是片面甚至错误的。

可见，《毛序》所谓"刺贪"的理解，也并不一定符合《伐檀》创作者的观念。当时的社会认知，不会去嘲讽统治阶层"不稼不穑"与"不狩不猎"，因为其所从事的管理本身就是一种劳动，且是更为高级的劳动。②

而《毛序》的最后一句，说"君子不得进仕尔"——君子不受重用，基本是符合诗歌原意的。

如此，《伐檀》的主旨，应该如方玉润所说：

---

① 其他古书也表达过类似的观点，如汉代《盐铁论·散不足》："古者，君子夙夜孳孳思其德；小人晨昏孜孜思其力。故君子不素飡（按：同"餐"），小人不空食。"
② 至于管理能力与水平如何，姑且不论。

君子仕于闲曹之秩也。君子食禄必有所报，今但尸位，无所为用，故又以素餐为耻。

——方玉润《诗经原始》

大意是：君子忧伤不已，因其被闲置在不能施展才能的位置上。他享受着俸禄就想做事，而以吃白食为耻。

2016.4

第四篇

吾与点也
——《子路、曾皙、冉有、公西华侍坐》

子路、曾皙、冉有、公西华侍坐。

子曰:"以吾一日长乎尔,毋吾以也。居则曰:'不吾知也。'如或知尔,则何以哉?"

子路率尔而对曰:"千乘之国,摄乎大国之间,加之以师旅,因之以饥馑;由也为之,比及三年,可使有勇,且知方也。"

夫子哂之。

"求,尔何如?"

对曰:"方六七十,如五六十,求也为之,比及三年,可使足民。如其礼乐,以俟君子。"

"赤,尔何如?"

对曰:"非曰能之,愿学焉。宗庙之事,如会同,端章甫,愿为小相焉。"

"点,尔何如?"

鼓瑟希,铿尔,舍瑟而作,对曰:"异乎三子者之撰。"

子曰:"何伤乎?亦各言其志也!"

曰:"莫春者,春服既成,冠者五六人,童子六七人,浴乎沂,风乎舞雩，咏而归。"

夫子喟然叹曰："吾与点也。"

三子者出，曾晳后。曾晳曰："夫三子者之言何如？"

子曰："亦各言其志也已矣。"

曰："夫子何哂由也？"

曰："为国以礼，其言不让，是故哂之。唯求则非邦也与？安见方六七十如五六十而非邦也者？唯赤则非邦也与？宗庙会同，非诸侯而何？赤也为之小，孰能为之大？"

——《论语·先进》

《子路、曾晳、冉有、公西华侍坐》（以下简称《侍坐》）这篇课文，我在拙著《北京四中语文课：细说诗文》一书之中已经通篇讲解过。这次再谈，是想就之前没有想清楚的问题做进一步探讨。

学生在了解《侍坐》一章的大意后，疑惑非常集中：孔子说"吾与点也"，其原因究竟是什么。本文试图就此问题展开一番探讨。

一

我们先来回顾一下曾晳的出场：

鼓瑟希，铿尔，舍瑟而作，对曰："异乎三子者之撰。"

曾晳是本章的主角，甫一亮相，便与众不同。他先是制造"铿尔"的音效，"聚光灯"一下子就转到了他的身上。接着，他并不直接回答老师的问题，而是先做铺垫，说："异乎三子者之撰。"这句话说得既谦虚又骄傲：谦虚在于给同学留了"面子"，骄傲在于给自己端了"架子"。

曾皙"异乎三子者之撰"这句铺垫，实际上把"三子"（按：指子路、冉有和公西华）之志划归为了一类。那么，三子之志的共同点是什么？

——他们都希望在"为国"方面有所作为。

这一点在本章的最后有明确交代。"为国"，也就是为政，或者说从政，总之都与治理国家相关。

当然，三子在表达自己志向时的态度还是略有差异，一个比一个谦虚。子路希望治理"千乘之国"，冉有则缩水为"方六七十，如五六十"的小国。等到公西华，则表示只能做一个实习生——"非曰能之，愿学焉"。

那么，三子为何一个比一个谦虚？

直接原因就是"夫子哂之"。老师一"呵呵"，学生们察言观色，心领神会，不敢再像子路那样自信爆棚了。

不过，子路和冉有呈现出的态度也有其性格原因。根据《论语·先进》篇的记载，孔子曾说"由也兼人""求也退"。子路刚猛、勇武，所以他才不假思索地"率尔而对"；冉有性格上原本就比较谦退，遇事不够果敢，所以他才说只能治理"方六七十，如五六十"的小国，比子路之"志"大幅缩水。

当然，纵使三子一个比一个谦虚，但所谈仍不离"为国"的方略与效果，这一点是显而易见的。

二

我们回到本文开头提出的核心问题：一向热衷于政治的孔子，此时为何独"与点也"？这个问题需要从两个角度来考虑：一是曾皙的角度，需要对曾皙的回答进行分析；二是孔子的角度，需要从孔子的思想、处境进行分析。

先来看曾皙的回答：

> 莫春者，春服既成，冠者五六人，童子六七人，浴乎沂，风乎舞雩，咏而归。

与三子均在阐述"为国"的方略不同，曾皙却描绘了一幅"游春图"，图中洋溢着某种微妙的气氛。

> 莫春者，春服既成——

寒冬已过，春风吹面不寒；脱去臃肿的冬衣，换上轻便的春装。可见，这是一个令人舒适的节令。

> 冠者五六人，童子六七人——

无论是童子，还是冠者，都是年轻人。这些正处人生春天的人相携出游，心情自然愉悦。他们做了什么呢？——"浴乎沂，风乎舞雩，咏而归"。有好事者将这个场景诌成了一首打油诗：

暮春三月三，穿上大布衫。

下河洗个澡，唱歌把家还。

更有甚者，将其"打造"成了一首"数来宝"：

二月过，三月三，穿上新缝的大布衫。

大的大，小的小，一同到南河洗个澡。

洗罢澡，乘晚凉，回来唱个《山坡羊》。

大体说来，上述的打油诗与"数来宝"所表现出的整体气氛，与本章文本是相合的。但细究起来，区别还是有的：

"浴乎沂"，绝非下河洗澡。这一点历代《论语》的注疏者早已指明。暮春三月，河水尚寒，下河洗澡不符合生活常理。也有人说，沂水是温泉云云，但遭到了熟悉地理的学者的驳斥，我们且不去纠缠。所谓"浴"，实际是指仪式性地沾沾水，类似西方的"洗礼"。朱熹说"盥濯也，今上巳祓除是也"（《论语集注》），是正确的解释。钱穆说得更加直观，认为"盥濯"是指"就水边洗头面两手"（《论语新解》）。可见，"浴乎沂"是一种除垢迎新、祈福迎祥的仪式性活动，类似于后世王羲之《兰亭集序》所谓的"修禊事"。做如此之事，其氛围应当是欢愉、和乐的。

"风乎舞雩"，历代歧解也颇多。有注疏者认为，既然在以祈雨为功能的舞雩台上，则表明是在举行祭祀仪式无疑。王充的观点具有代表性：

风乎舞雩，风，歌也。咏而馈，咏，歌；馈，祭也。歌咏而祭也。

说《论》之家，以为浴者，浴沂水中也。风，干身也。周之四月，正岁二月也。尚寒，安得浴而风干身？由此言之，涉水不浴，雩祭审矣。……孔子曰："吾与点也。"善点之言，欲以雩祭调和阴阳，故与之也。

——王充《论衡·明雩》

王充认为，"风"当解释为"歌"，"归"当解释为"馈"——"馈祭"。按此说法，这冠者、童子的游春活动则变成了祭祀典礼。这种看法似是而非，很容易驳倒。赵翼《陔馀丛考》中便驳斥道：

果如其说，以雩祭调和阴阳，则亦为邦者之事也，又何必问求、赤非为邦欤？

赵翼很讲逻辑，从本章中寻找"内证"来进行反驳，有理有力。也就是说，前者公西华所言也是祭祀之事，如曾皙所言与其为同一性质，那孔子唯独"与点"便不合逻辑。其实，登舞雩台未必一定要去祭祀，如今我们去趟天坛，难不成都要去祭天？事实上，早在三国时期的王弼便有了通达的解释：

沂水近孔子宅，舞雩坛在其上，坛有树木，游者托焉也。

——皇侃《论语义疏》引王弼《论语释疑》

所谓"游者托焉"，即游人借此地以游览、游乐之意。《论语·颜渊》篇中，便有"樊迟游于舞雩之下"的记载。所以，冠者、童子"风乎舞雩"，应指他们一同到舞雩台上走一走转一转，不必一定要举行庄重的祭祀仪式。这些年轻人吹着杨柳春风,登台游览,一派和乐、悠然气象。

咏而归——

无论是将"咏"理解为"歌咏先王之道"(何晏《论语集解》),还是只将其理解为"咏"一般性乐歌,"乐和同"这个功能都是没有什么差异的。这些年轻人游罢归家,一路咏歌,夕阳拉长了他们高高低低的影子。此等生命何其舒展!何其洒脱!何其超然!

分析至此,我们就不难回答孔子赞同曾晳的原因了。显然,孔子"与点"是因为他也非常神往曾晳所描绘的图景。

其实,孔子也曾自言其"志":

子路曰:"愿闻子之志。"子曰:"老者安之,朋友信之,少者怀之。"
——《论语·公冶长》

与曾晳类似,孔子之志也表现为和乐的太平图景。所以,孔子赞同曾晳之志第一个可能的原因是:曾晳所描绘的"太平社会之缩影"(杨树达《论语疏证》)令孔子神往。

三

还有一种说法,认为这四位弟子所言之志"于治道亦有次第",而曾晳所言层次最高,所以孔子更认同于他。

四子侍坐，固各言其志，然于治道亦有次第。祸乱戡定，而后可施政教。初时师旅饥馑，子路之使有勇知方，所以戡定祸乱也。乱之既定，则宜阜俗，冉有之足民，所以阜俗也。俗之既阜，则宜继以教化，子华之宗庙会同，所以化民成俗也。化行俗美，民生和乐，熙熙然游于唐虞三代之世矣，曾晳之春风沂水，有其象矣。夫子志夫三代之英，能不喟然兴叹？

——张履祥《备忘录》

　　张履祥的说法，虽然未必完全契合《论语》原意，但比较有启发性，可备一说。他认为四子的志向，是治理一个国家必然要经过的不同阶段，并且这些阶段是逐级上升的。子路志在强兵，让这个国家先站起来；冉有志在富民，让这个国家接着富起来；公西华志在教化，让这个国家再接着文明起来。曾晳之志，不谈前三子所言的"为国"过程，而是直接展示人民在强兵、富民、文明之后享受生活的图景，也即让这个国家的人民快乐起来。

　　不得不说，孔子也好，其弟子也好，他们"为国"的终极目的，都是让百姓过上幸福康乐的生活。从这个角度上说，曾晳之志更具有终极性，格调更高。所以说，较前三子而言，孔子更赞同曾晳之志。

　　以上是孔子"与点"的第二种可能的原因。

　　说一句题外话。假如孟子也在"侍坐"之列，其回答如下，孔子会持何种态度？

　　五亩之宅，树之以桑，五十者可以衣帛矣。鸡豚狗彘之畜，无失其时，七十者可以食肉矣。百亩之田，勿夺其时，八口之家可以无饥矣。

谨庠序之教，申之以孝悌之义，颁白者不负戴于道路矣。

——《孟子·梁惠王上》

孟子"五亩之宅"这段话，同样描绘了一幅理想的生活图景。在这一点上，他与曾皙之志类似。但是，孟子之"志"尚停留在丰衣足食、受教知礼的层面上，与冉有的"可使民足"、子路的"且知方也"相仿，却没有像曾皙那样触及心灵的舒展与个性的洒脱的层次。所以，假如孟子也在"侍坐"之列，估计十有八九不会得到孔子的赞同。

四

前面已经提到，探讨"吾与点也"的原因，需要从两个角度考虑：一是曾皙角度，一是孔子角度。接下来我们就从孔子的思想、处境方面来分析一番。

不难看出，曾皙所描绘的游春图，气氛不仅是和乐、悠然的，甚至有出尘隐逸的味道。作为儒家学说的开山鼻祖，孔子给人的印象一直是积极用世的。不过，人的思想是极为复杂的，孔子还说过：

子曰："道不行，乘桴浮于海。"

——《论语·公冶长》

子欲居九夷。或曰："陋，如之何？"子曰："君子居之，何陋之有？"

——《论语·子罕》

无论是"乘桴浮于海"，还是"欲居九夷"，都可能只是孔子一时的"激愤"之辞，其一生从未真正践行过。但是，在孔子生命中的某些时刻，他思想还是有"动摇"的时候。孔子曾问礼于老子，受其影响，其人生态度并不是一味刚健进取的，有时也认为：

用之则行，舍之则藏。

——《论语·述而》

由此，我们似乎可以得出这样的结论：孔子赞同曾皙，是因为他大概也有出尘隐居之想。正如程树德所说：

所谓与点者，不过与汝偕隐之意。

——程树德《论语集释》

五

既然赞同曾皙，孔子为何不莞尔而笑，却"喟然叹曰"？这又是一个值得讨论的问题。

孔子的"喟然"是针对什么而发出的？对自己，对曾皙，还是对三子？我认为，可能这三者都有。下面一一解说：

首先，孔子之"喟然叹"可能是在感伤自己。李惇在《群经识小》中说：

点之别调，夫子独许之者，亦以见眼前真乐在己者可凭，事业功名在人者难必。喟然一叹，正不胜身世之感也。

孔子此时的"身世"指什么？四子侍坐之事，应该发生在孔子哪个人生阶段？

孔子的后半生可以分成三个阶段：

五十一至五十四岁——仕鲁

五十五岁至六十八岁——周游列国

六十八岁至七十三岁——返鲁

侍坐的四个弟子之中，公西华最小，少孔子四十二岁。如四子侍坐发生在孔子仕鲁期间，公西华才九岁，很难登堂入室参与讨论，所以排除。周游列国之初，公西华也只有十三岁，千里奔波，他多数也不能随行，所以也排除。另外，曾皙并未追随孔子周游列国，所以也可以排除四子侍坐是发生在周游列国期间的说法。曾皙未随孔子周游列国一事，《孟子》中有明确的记录：

万章问曰："孔子在陈，何思鲁之狂士？"……(按：孟子)曰："如琴张、曾皙、牧皮者，孔子之所谓狂矣。"

——《孟子·尽心下》

所谓"孔子在陈"，即周游列国在陈国期间。

综合以上因素，可以判定此次四子侍坐的时间，应是孔子返鲁之后。确定了四子侍坐的时间，便可以判断孔子的心境了。黄震在《日钞》中说：

夫子以行道救世为心，而时不我与。方与二三子私相讲明于寂寞之滨。

孔子周游列国，遍干诸侯而求仕不得，凄凄惶惶，万般无奈才返鲁度过余生。此期间，孔子治平之志消磨殆尽，"寂寞"应是他心境的主流。由此，我们可以得出结论：孔子之"喟然叹"，有自伤不遇身世的可能。

其次，孔子之"喟然叹"，也可能是在感伤曾皙。

曾皙描绘的图景是很"高级"，但不得不说很理想化，尤其是在诸侯纷争不已的春秋时期，这种理想生活状态更是水中月、镜中花，是桃花源、乌托邦，绝难实现。所以，孔子不免"喟然叹"。

最后，孔子之"喟然叹"，也可能是在感伤三子。

孔子此刻虽然没有赞同三子之志，但并不代表他否认了三子的"为国"能力。反而，他还明确地夸赞了公西华的能力——"赤也为之小，孰能为之大"。正如黄震所说：

所与虽点，而所以叹者岂惟与点哉！继答曾皙之问，则力道三子之美。

——黄震《日钞》

如果将视野放宽，在《论语·公冶长》中，孔子"力道三子之美"则表现得更为明确：

孟武伯问："子路仁乎？"
子曰："不知也。"

又问。

子曰:"由也,千乘之国,可使治其赋也,不知其仁也。"

"求也何如?"

子曰:"求也,千室之邑,百乘之家,可使为之宰也,不知其仁也。"

"赤也何如?"

子曰:"赤也,束带立于朝,可使与宾客言也,不知其仁也。"

可见,对三子的"为国"能力,孔子是充分认可的。不过,恰恰是三子具有超强的为政能力,孔子才会"喟然叹"。因为,三子看不清时局。皇侃说:

当时道消世乱,驰竞者众,故诸弟子皆以仕进为心,唯点独识时变,故与之也。

——皇侃《论语义疏》

孔子本人未能够重整乾坤,可谓"不识时变"之人。三子却还要"以仕进为心",重复自己的老路。这些热血沸腾的弟子,大概结局注定和自己类似。所以,孔子心里很不是滋味,遂"喟然叹"。

六

孔子之"喟然叹",说明他并非"忘世自乐"(钱穆《论语新解》)者,并非欲做一名逍遥隐士。

同为先秦诸子的庄子则不然,他更愿意做一个逍遥的游世者。面对复杂、凶险的社会,庄子将自己修炼成一把"十九年若新发于硎"(《庄子·养生主》)的解牛之刀,避开复杂,避开凶险,只追求个体的生存与逍遥。

孔子周游列国未果返鲁,虽不能为官,但仍修《诗》《书》、作《春秋》,希望通过文化的力量来影响政治、改造社会。当世不得其效,便寄希望于后世。孔子这种"知其不可而为之"的勇气,这种坚忍不拔的性格,这种家国天下的情怀,不能不令国人肃然起敬。

孔子曾说"天下有道,丘不与易也"(《论语·微子》)。意思是,如果天下太平,谁愿意折腾呢?天下大乱之时,难道人人都去做与"鸟兽同群"的隐士吗?大家谁都不愿蹚这浑水,这个世界会自动变好吗?改变世界,哪怕是一点点,哪怕是没有结果,也是要去做的。中华民族饱经沧桑而绵延不绝,正仰赖这种精神的哺育。

由此观之,孔子不愧是我中华民族的精神脊梁!

2019.11.19初稿

2019.12.20改定

音频版入口

第五篇

失控的接力棒
——《史记·秦始皇本纪》

至平原津而病。始皇恶言死,群臣莫敢言死事。上病益甚,乃为玺书赐公子扶苏曰:"与丧会咸阳而葬。"书已封,在中车府令赵高行符玺事所,未授使者。

七月丙寅,始皇崩于沙丘平台。丞相斯为上崩在外,恐诸公子及天下有变,乃秘之,不发丧。棺载辒凉车中,故幸宦者参乘,所至上食。百官奏事如故,宦者辄从辒凉车中可其奏事。

独子胡亥、赵高及所幸宦者五六人知上死。赵高故尝教胡亥书及狱律令法事,胡亥私幸之。高乃与公子胡亥、丞相斯阴谋破去始皇所封书赐公子扶苏者,而更诈为丞相斯受始皇遗诏沙丘,立子胡亥为太子。更为书赐公子扶苏、蒙恬,数以罪,赐死。语具在《李斯传》中。行,遂从井陉抵九原。会暑,上辒车臭,乃诏从官令车载一石鲍鱼,以乱其臭。行从直道至咸阳,发丧。太子胡亥袭位,为二世皇帝。九月,葬始皇郦山。

——《史记·秦始皇本纪》(节选)

一

公元前221年,秦王嬴政二十六年,秦将王贲翦灭齐国,自此天下一家,尽入嬴秦之彀。

嬴政三十岁灭韩,三十五岁灭魏,三十七岁灭楚,三十八岁灭燕、赵,三十九岁灭齐。自二十二岁亲政后,他只等待了短短几年,山东六国王族便开始排着队,用卑贱的嘴唇来亲吻嬴政高贵的脚趾了。

秦国数代国君梦寐以求鲸吞天下的霸业,在这位三十九岁的壮年人手中实现了。毫无疑问,这位壮年人心中持续充盈着狂喜与自恋,平均一年半年便翦灭一国,毋庸置疑,朕是"自上古以来未尝有"(《史记·秦始皇本纪》)之人!朕的伟大与荣光,人神难逾,更不得质疑,朕永远正确!所以,嬴政下了一道制命,宣布废掉谥号,自称"始皇帝":

> 朕为始皇帝。后世以计数,二世三世至于万世,传之无穷。
>
> ——《史记·秦始皇本纪》

二

希图自己一手建立的帝国铁桶江山万万年,这不难理解。不过,"皇帝"这个称号所透露出秦始皇的生命状态,却为帝国"二世而亡"埋下了一颗定时炸弹:

> 朕闻太古有号毋谥,中古有号,死而以行为谥。如此,则子议父,臣议君也,甚无谓,朕弗取焉。自今已来,除谥法。
>
> ——《史记·秦始皇本纪》

盖棺定论,对逝者进行评价,是中国自周代以来的传统。唐人张守节解释"谥法"时说:"行出于己,名生于人。"又说:"施德为文,除恶为武。"所以,才有"周文王""周武王"之称呼。即便你生前是独断专行的暴君,也不能阻止后人叫你"商纣王",叫你"周幽王"。

可秦始皇不同意,他不但生前要钳制臣民的意见,甚至死后的言论他都要钳制。他所谓"子议父,臣议君也,甚无谓",我看他是"甚有谓"也。秦始皇废除谥法,并非一件无足轻重之事,这昭示着他登上权力顶峰后,无度膨胀的开始。死后都拒绝别人批评,何况生前乎?

西谚说:上帝欲灭亡之,必先疯狂之。之前的伟大胜利实在来得太快太突然,导致四十岁以后的秦始皇提前进入了疯狂状态。他认为自己是万能的,世间的一切他都能掌控。可事与愿违,大秦帝国只传了二代,便灰飞烟灭。

很多人都将脏水泼到赵高、胡亥甚至李斯身上,认为他们不执行大行皇帝令皇长子扶苏即位的遗命,阴谋政变;后赵高弄权,胡亥昏庸,所以才亡了始皇帝的大业。我看这不免是就事论事。大秦二世而亡的祸根,需要挖到秦始皇的根子上。

击匈奴、伐南越、修陵墓等大工程耗干了帝国的精血都不必说,就是在继承人这一问题上,秦始皇就铸下了大错。

秦始皇之前,历代秦王鲜有生前不立太子的先例,而秦始皇却迟迟不立太子,致使中国历史上第一次皇权接力棒的交接便陷入了混乱与阴谋之中。

按常理，皇长子扶苏有年龄优势与声望，且有率三十万精锐北部军的统帅蒙恬的辅助，按理不该轻易臣服于赵高、胡亥、李斯的阴谋。但当他接到被篡改的遗诏后，却选择立即自裁。扶苏懦弱？扶苏无能？是，也不是。秦始皇本人要做豺狼，不过，他已经把扶苏训练成了一只绵羊。

两年前，扶苏上书劝谏父皇不应焚书坑儒，结果秦始皇大为光火，把扶苏调离首都，派到上郡去给蒙恬当监军。

有人猜说，秦始皇派扶苏北上监军是有意下的一步闲棋：让扶苏暂离政治漩涡，结交未来的首席辅臣蒙恬。我觉得，这不过是一种猜测。从扶苏并未听从蒙恬的阻拦而引刀自裁的事实来看，蒙恬还只是一介武夫，并非王佐之才。

扶苏自杀前说：

父而赐子死，尚安复请！

——《史记·李斯列传》

蒙恬则认为诏书有诈，应该请求复核。但扶苏对父皇的这道诏命，是无条件服从的。可以推想，扶苏大概是服膺儒学的。无独有偶，当赵高阴谋诱惑秦始皇幼子胡亥弑兄夺位时，胡亥的第一反应也是：

废兄而立弟，是不义也；不奉父诏而畏死，是不孝也。

——《史记·李斯列传》

两个皇子惊人地祭出了儒家的忠孝学说，不能说这纯属巧合。从秦始皇的角度看，他定是有意至少是默许皇子研习儒家经典的。儒家思想是柔软的牢笼：皇帝必须是百兽之王的老虎，臣民包括皇子则必须是绵羊。既为绵羊，怎敢对老虎有所忤逆？——赳赳老秦的雄风，至此已消磨殆尽！

扶苏自裁，断送了大秦帝国的万里河山。即便秦始皇真有令扶苏即位的如意算盘，也都无济于事了。扶苏虽有蒙恬三十万铁骑襄助，依然还是出了问题。事实上，皇长子扶苏在秦始皇的淫威下，早已是扶不起的怂包。况且，那份假遗诏还有这样的内容：

（按：扶苏）数上书直言诽谤我（按：指秦始皇）所为，以不得罢归为太子，日夜怨望。扶苏为人子不孝，其赐剑以自裁。

——《史记·李斯列传》

这样的说辞，着实击中了扶苏的要害：你扶苏竟数次上书诽谤我，看来你抢班夺权之心不死！

扶苏深知，自己才三十岁，春秋正富，父皇已经五十岁，行将就木。父皇有这样的言辞太符合其心理了。赵高不愧是秦始皇肚子里的蛔虫，他深知秦始皇的猜忌心理，扶苏定不会看出破绽，定会自裁。

换言之，扶苏纵使已经看出这份诏书是伪造的，他依然不得不选择自裁。既然诏书已经被伪造，说明伪造者已经掌握了与秦始皇无异的权力。所以，扶苏无论如何都难逃一死了。没有任何人可以质疑皇帝诏书是伪造的，即便它真的是伪造的。

同时，扶苏心中清楚：自己并非太子的唯一人选，父皇选择其他皇子——比如胡亥，是极可能之事。公元前210年，也就是五十岁的父皇开始第五次巡游时，带走了半个朝廷，只留下右丞相冯去疾驻守咸阳。父皇并未调自己回咸阳"太子监国"，却带着幼弟胡亥同行。这在扶苏看来，父皇对于继承人问题，似已有决断。所以，父皇令自己自裁，自然也就顺理成章了。

明晓了这一切，扶苏安能不引刀自裁！

更失策的是，秦始皇死前将身边最重要的一个大臣派离了自己的身边：

（按：秦始皇）道病，使蒙毅还祷山川，未反。

——《史记·蒙恬列传》

蒙毅是蒙恬的亲弟弟，两人一内一外，是秦帝国一等一的实力派。《史记·蒙恬列传》载：

始皇甚尊宠蒙氏，信任贤之。而亲近蒙毅，位至上卿，出则参乘，入则御前。（按：蒙）恬任外事而（按：蒙）毅常为内谋，名为忠信，故虽诸将相莫敢与之争焉。

就重要性而言，蒙毅在此次巡游中可谓第一重臣。同行中的李斯虽官至左丞相，但已七十一岁，且他出身草根，政治根基无法与三代将秦的蒙毅相比。秦始皇派蒙毅为自己祈祷禳病，客观上便造成放弃扶苏的后果。试想，如果蒙毅尚在秦始皇身边，李斯、赵高的篡位图谋很难得逞。于公于私，蒙毅都会倾向自己兄长蒙恬，以及扶苏。

秦始皇雄才大略无人不承认，但此事他如此安排，无疑表明了一点：

朕完全可以掌控局面，即便死后也一样。

这，无异于痴人说梦。

三

这几天翻阅孙皓晖的《大秦帝国》，作者在论及秦亡时，从"秦始皇年近五十而不明白确立扶苏为太子，偶然性一也"开始，一口气列举到了"偶然性二十也"。不知是作者太爱大秦帝国了，还是迂阔得可以，整整二十个偶然，这其中竟无一条是必然？

就孙氏列举的这第一条，前文已述，便不具有偶然性。秦始皇五十岁时，太子人选仍摇摆不定。秦始皇无视秦国君位传承的传统，不立太子，这充分表明：他似乎是将扶苏看成了自己的假想敌。更重要的是，四十岁前的成功，他早已将自己推上了神坛。他自信能掌控一切，自信能遇见神仙而长生不老。就在死前不久，秦始皇还派出了一队连弩手为自己求长生。"死"在秦始皇那里，看来似乎并不是一个不可战胜的问题。极度疯狂的他，甚至都听不得"死"这个字——"始皇恶言死，群臣莫敢言死事"。所以，太子一事便被无限期搁置了。

无奈，秦始皇终究是肉体凡胎，他拗不过死神的推搡。临死之际，他大概发觉了身边的胡亥不具有继承大统的资质，发诏书令皇长子扶苏速回咸阳治丧，实际上等于下发了让扶苏即位的诏命。无奈，他真正的意志并没有传递出去，赵高、李斯与胡亥发出的伪诏，葬送了大秦祖宗数百年打下的江山。真可谓是"族秦者秦也，非天下也"！（杜牧《阿房宫赋》）

当然，秦始皇死后秦帝国也并没有立即倒塌，秦二世胡亥尚享国三年。

不过，与其痛骂赵高弄权，还不如说赵高就是秦始皇皇权的变态延伸。悬在头顶的利剑随时可能斩杀你时，你不得不做一个扶苏，不得不做一个李斯，甚至，不得不做一个心心念念"肆意极欲"（《史记·秦始皇本纪》）的胡亥！

秦始皇时代，庞大的帝国虽已危机四伏，但靠着秦始皇的才具、胆略、胸怀和威望，尚能维持正常的运转。可是，当这至高无上的皇权落到一个心胸狭窄、鼠目寸光、欺下媚上和只图私利的宦官手中时，谁还能为这个丑恶的政权去真正拼命呢？以往，你见过率领二十万秦军的主帅投降过吗？可秦二世时代（实质上是赵高时代）的章邯，真的就率领秦军主力投降反秦的楚将项羽了。

2017.1.1　白塔寺下

补记：

秦始皇病死于沙丘，本来欲将皇位传给长子扶苏，下诏让扶苏回咸阳主持自己的葬礼就是明证。此事在《史记》中有明确记载：

上（按：指秦始皇）病益甚，乃为玺书赐公子扶苏曰："与丧会咸阳而葬。"书已封，在中车府令赵高行符玺事所，未授使者。

——《史记·秦始皇本纪》

《史记·李斯列传》也有类似内容：

> 始皇帝至沙丘，病甚，令赵高为书赐公子扶苏曰："以兵属蒙恬，与丧会咸阳而葬。"书已封，未授使者，始皇崩。

由于秦始皇生前并未明确册立扶苏为太子，也就是《李斯列传》所言"无真太子"，赵高、李斯遂为一己私利而篡改遗诏，诈立胡亥为二世皇帝，赐死公子扶苏：

> （按：赵）高乃与公子胡亥、丞相（按：李）斯阴谋破去始皇所封书赐公子扶苏者，而更诈为丞相斯受始皇遗诏沙丘，立子胡亥为太子。更为书赐公子扶苏、蒙恬，数以罪，赐死。
>
> ——《史记·秦始皇本纪》

胡亥诈立本是两千年来公认的史实，可却因近几年出土的汉简而死水起波澜。2015年，上海古籍出版社印行了《北京大学藏西汉竹书（叁）》，其中有一篇叫《赵正书》（按："赵正"也就是嬴政、秦始皇），关于秦始皇传位一事记载如下：

> 丞相臣（按：李）斯、御史臣（按：冯）去疾昧死顿首言曰："今道远而诏期窘（羣）臣，恐大臣之有谋，请立子胡亥为代后。"王曰："可。"

《赵正书》一出，学界大为兴奋，认为此书所记极具史料价值，甚至可改写历史。果如《赵正书》所记，胡亥继位便是秦始皇亲口答应，名正言顺，这就把《史记》所谓胡亥诈立云云的记载结结实实给翻了案。

我因写下这篇《失控的接力棒》，对秦始皇传位一事也颇为关心。近日读了北京大学教授辛德勇先生的新书《生死秦始皇》（中华书局2019年版），深然其说，故摘录其相关结论如下：

历史的事实，只有一个，而上文所述《史记》和《赵正书》纪事的差异，只是缘于两书的撰著之人截然不同——两书的作者，手里拿着两支完全不同的笔：一支是职业史官的笔，不过另一支笔到底是什么笔，这还需要留待下面另一个专题再来详细解说。若是在这里先做一个简单、形象地说明的话，可以说，《史记》和《赵正书》的差别，就像《汉书》同《赵飞燕外传》《汉武故事》的差别一样：前者是信史，后者或为情色读物，或为神仙家故事，就其纪事的史料价值而言，二者是不可同日而语的。

简单说，辛先生的意思是：《赵正书》并不是什么严肃的历史著作，不可更不能与严谨的《史记》相提并论，即：《史记》所记不能被《赵正书》所颠覆，《赵正书》只是"小说家言"而已。辛先生还写道：

直到这次发现《赵正书》前，我们在传世文献中所能见到的汉以前"小说家"言，便只是相当零碎的只言词组，由此愈加凸显出《赵正书》这一发现的重大学术价值——这主要不是提供了什么颠覆既有认识的嬴秦新史事，而是让我们第一次看到了汉代以前古"小说"的真实面目，为我们认识中国"小说"的早期渊源，提供了一项前所未有的实际例证。

根据辛先生的研究，中国的古小说其特性是借事"说事儿"，绝非严肃地去记录历史。由此，《赵正书》所谓秦始皇生前传位胡亥继位一事，也就只能当作茶余饭后的谈资，而不足为信了。

2020.3.5

第六篇

鸿鹄之志

——《史记·陈涉世家》

陈胜者，阳城人也，字涉。吴广者，阳夏人也，字叔。陈涉少时，尝与人佣耕，辍耕之垄上，怅恨久之，曰："苟富贵，无相忘。"佣者笑而应曰："若为佣耕，何富贵也？"陈涉太息曰："嗟乎！燕雀安知鸿鹄之志哉！"

二世元年七月，发闾左适戍渔阳，九百人屯大泽乡。陈胜、吴广皆次当行，为屯长。会天大雨，道不通，度已失期。失期，法皆斩。陈胜、吴广乃谋曰："今亡亦死，举大计亦死；等死，死国可乎？"陈胜曰："天下苦秦久矣。吾闻二世少子也，不当立，当立者乃公子扶苏。扶苏以数谏故，上使外将兵。今或闻无罪，二世杀之。百姓多闻其贤，未知其死也。项燕为楚将，数有功，爱士卒，楚人怜之。或以为死，或以为亡。今诚以吾众诈自称公子扶苏、项燕，为天下唱，宜多应者。"吴广以为然。乃行卜。卜者知其指意，曰："足下事皆成，有功。然足下卜之鬼乎！"陈胜、吴广喜，念鬼，曰："此教我先威众耳。"乃丹书帛曰"陈胜王"，置人所罾鱼腹中。卒买鱼烹食，得鱼腹中书，固以怪之矣。又间令吴广之次所旁丛祠中，夜篝火，狐鸣呼曰："大楚兴，陈胜王。"卒皆夜惊恐。旦日，卒中往往语，皆指目陈胜。

吴广素爱人，士卒多为用者。将尉醉，广故数言欲亡，忿恚尉，令辱之，以激怒其众。尉果笞广。尉剑挺，广起，夺而杀尉。陈胜佐之，并杀两尉。召令徒属曰："公等遇雨，皆已失期，失期当斩。藉第令毋斩，而戍死者固十六七。且壮士不死即已，死即举大名耳，王侯将相宁有种乎！"徒属皆曰："敬受命。"乃诈称公子扶苏、项燕，从民欲也。袒右，称大楚。为坛而盟，祭以尉首。陈胜自立为将军，吴广为都尉。攻大泽乡，收而攻蕲。蕲下，乃令符离人葛婴将兵徇蕲以东。攻铚、酂、苦、柘、谯皆下之。行收兵。比至陈，车六七百乘，骑千余，卒数万人。攻陈，陈守令皆不在，独守丞与战谯门中。弗胜，守丞死，乃入据陈。数日，号令召三老、豪杰与皆来会计事。三老、豪杰皆曰："将军身被坚执锐，伐无道，诛暴秦，复立楚国之社稷，功宜为王。"陈涉乃立为王，号为张楚。

当此时，诸郡县苦秦吏者，皆刑其长吏，杀之以应陈涉。乃以吴叔为假王，监诸将以西击荥阳。令陈人武臣、张耳、陈馀徇赵地，令汝阴人邓宗徇九江郡。当此时，楚兵数千人为聚者，不可胜数。

——《史记·陈涉世家》（节选）

一

同很多人一样，我也非常喜欢读司马迁的《史记》。太史公幽愤著书，笔端常带感情，文字摇曳多姿，读之欲罢不能。大概也正因如此，不少人视《史记》为小说家言。

无论是新旧教材，选自《史记·项羽本纪》的《鸿门宴》都是传统篇目。这篇文字跌宕起伏，纵使小说亦难望其项背。正如前文所言，不少学生对《鸿门宴》中的情节，尤其是细节，持怀疑态度。认为司马迁为了照顾写作与阅读快感，添枝加叶，记录历史的态度不够严肃。不过，我本人倒是深信司马迁是一位严肃的历史学家，绝不肯轻易违背如实记录历史的写作原则。所以，每有闲暇，我便细读《史记》，尤其关注秦崩、楚亡、汉兴这段历史，期望能寻踪觅迹，为学生也为自己解惑。

2017年6月，我被学生"民间"票选为"北京四中名师课堂"的讲师，受托为在校生及校友开设一次讲座。那次讲座的题目是"细说楚汉"。我以还原历史真相为目标，以"鸿鹄之志""破釜沉舟""项庄舞剑"三个成语为纲目，发表了一些阅读心得。在准备讲座时，我所参阅的资料，择其要者开列如下：

三家注：《史记》（中华书局，2013年版）

泷川资言：《史记会注考证》（上海古籍出版社，2015年版）

韩兆琦：《史记笺证》（江西人民出版社，2015年版）

王先谦：《汉书补注》（上海古籍出版社，2012年版）

吕思勉：《秦汉史》（上海古籍出版社，2005年版）

王云度：《秦汉史编年》（凤凰出版社，2011年版）

李开元：《汉帝国的建立与刘邦集团》（三联书店，2000年版）

李开元：《秦崩》（三联书店，2015年版）

李开元：《楚亡》（三联书店，2015年版）

辛德勇：《历史的空间与空间的历史》（北京师范大学出版社，2005年版）

程步：《真秦始皇》（青岛出版社，2013年版）

程步：《真项羽》（青岛出版社，2013年版）

江苏省项羽文化研究会编：《项羽研究第一辑》（凤凰出版社，2011

年版）

说真心话，只阅读上述几种书籍便开设讲座，实在够不到"学术"二字，汗颜之至。但眼界如此，也算尽力了。下文乃讲座讲稿整理而成，限于体例，未能一一注明所持观点之出处。遂将参考书目开列于上，以避掠美之嫌。

闲言少叙，书归正传。

二

明朝人杨慎《二十一史弹词·西江月》写道：

道德三皇五帝，功名夏后商周。五霸七雄闹春秋，秦汉兴亡过手。
青史几行名姓，北邙无数荒丘。前人田地后人收，说甚龙争虎斗。

大概是文人心态的缘故，杨慎将历史看得极其淡然且简单——历史无非是乱哄哄你方唱罢我登场，到头来大梦一场。纵有千年铁门槛，终究都成了北邙山上一个个土馒头。

"秦汉兴亡过手"，的确是这样，从公元前209年至公元前202年，七八年间政权三易其主：

秦二世元年（前209年）七月，陈胜、吴广大泽乡起事，拉开反秦序幕。之后不久，陈胜建立了"张楚"政权，与秦朝分庭抗礼。

秦二世三年（前206年，汉元年），秦王子婴降楚，嬴秦宣告覆灭。反秦过程中，陈胜称王后不久便被杀，由项梁叔侄主导山东六国攻秦。

灭秦后，项羽大封诸侯，自号"西楚霸王"。

汉五年（前202年），楚汉相争历时五年，最终项羽兵败，乌江自刎，天下归汉。

这段历史大戏虽然"演出时间"不长，但跌宕起伏，煞是好看，因为司马迁的"剧本"足够精彩。当然，我们不能只满足于浮光掠影地观其大略，如果精读细品，可能会有一些新发现。

下面，我们就以《陈涉世家》《项羽本纪》《高祖本纪》等篇章为主，以陈胜起事、钜鹿之战、鸿门宴为纲目，做一番文本细读。

（按：由于讲稿篇幅较长，我将其分成三篇文章，本篇为第一篇，接下来的《破釜沉舟》为第二篇，《项王默然不应》为第三篇）

三

"鸿鹄之志"出自陈胜之口，这个成语能引出一幕波澜壮阔的历史大戏。通过阅读、分析，我们将探讨两个问题：

其一，陈胜为何要起事？

其二，为何陈胜能起事？

讨论陈胜起事的原因，我们先从分析主导者个人因素入手。

陈胜在《史记》中位列"世家"，地位很高。《史记·陈涉世家》记载：

陈胜虽已死，其所置遣侯王将相竟亡秦，由涉首事也。高祖时为陈涉置守冢三十家砀，至今血食。

陈胜是反秦事业的先行者，为表彰这位"老大哥"，刘邦下令三十家人为其守墓。直到司马迁时，仍祭祀不绝。①

不过，这位位列"世家"的"楚隐王"陈胜绝不是浪得虚名，在决定命运的关键时刻，他表现出了超凡的领袖气质。《史记·陈涉世家》记载：

二世元年七月，发闾左适戍渔阳，九百人屯大泽乡。陈胜、吴广皆次当行，为屯长。会天大雨，道不通，度已失期。失期，法皆斩。

先看这段记载的基本情况——

时间：秦二世元年，夏秋之交。注意，此时秦始皇刚死一年。

人物之一：闾左，指贫穷百姓。《史记》司马贞《索隐》说："凡居以富强为右，贫弱为左。"秦朝征发兵役原本以"富强"之人为主，穷人想沙场立功都没机会。但是，此时"秦役戍多，富者役尽，兼取贫弱者也"。所以，陈胜、吴广才在"尽发之"之列。

人物之二：屯长，陈胜、吴广为屯长。按制，五十人为一屯，这支九百人的队伍中约有屯长二十人。屯长，级别大概相当于今之连长。

人物之三：秦朝将尉二人。级别约同于今之营长，或县级武装部长。

事件：陈胜、吴广所在的这支征戍部队遇上了麻烦——天降大雨，影响行程。

基本情况弄清后，我们来讨论一个问题。陈、吴的起事该如何定

---

① 《史记·高祖本纪》记载守墓情况略有差异："（按：汉十二年十一月）高祖曰：'秦始皇帝、楚隐王陈涉、魏安釐王、齐缗王、赵悼襄王皆绝无后，予守冢各十家，秦皇帝二十家，魏公子无忌五家。'"两则材料虽略有差异，但陈胜竟然与秦始皇平分秋色，甚或略胜一筹，这的确有些让人出乎意料。

性？是"起义"，还是"造反"？

注意，此前我在表述此事件时，先用了一个中性词——"起事"，而不是带有支持性的"起义"，或反对性的"造反"。

我认为，如果二人面临被杀的威胁而奋起反抗，则该事件应定性为"起义"；如无，则为"造反"。这里先抛出结论：我认为二人是有预谋的造反。理由如下：

第一，未必一定"失期"。材料中说，"度已失期。"度"，揣度。这个动作的主语是陈、吴二人，并非带队的将尉。将尉还没着急，陈、吴倒先着急了。如果此时便可判断出一定会"失期"——迟到，带队的领导会毫不着急？如果"失期"，他们可是要负主要责任的！根据《史记·高祖本纪》记载，刘邦曾经押送刑徒去服劳役，结果半路上大家纷纷开小差跑了，刘邦这位领导者害怕被责罚，也溜之大吉了。

再者，行程尚早。起事地点在蕲县大泽乡，在今安徽省宿州市东南。如果陈胜由家乡陈县出发至大泽乡，刚走了大概三百公里。而全部行程的终点是今天的北京密云——渔阳，行程至少还有六百公里。换言之，陈胜行至大泽乡时，行程刚过三分之一，还剩余三分之二，此时便"度已失期"，未免太早。

第二，失期未必一定被斩。据出土文献记载：

御中发征，乏弗行，赀二甲。失期三日到五日，谇；六日到旬，赀一盾；过旬，赀一甲。其得殹（也），及诣。水雨，除兴。

——《睡虎地秦墓竹简·徭律》

据此，如按规定不去服徭役，只是"赀"——罚款而已。迟到三五天的——"谇"——骂一顿,六到十天的才被罚款,超过十天的,再多罚些。但是如遇上"水雨"等强降水恶劣天气,因不可抗拒因素而迟到的,便"除兴"——不追究责任。

当然,这条证据并不够"硬",因为讲的是"徭律",未必适合陈、吴的"兵律"。另外,秦二世时期法律可能会更严苛一些,也未为可知。不过,秦律中确实有"水雨,除兴"这样的条款。至少,从推理上说,"失期,法皆斩"不能排除这是陈、吴二人夸大其词的说法。说二人可能夸大其词以鼓动人心,并不是空穴来风,因为——

秦朝将尉并未虐待、殴打或以"失期当斩"来威胁陈、吴这些戍卒,反而——

将尉醉,(按:吴)广故数言欲亡,忿恚尉,令辱之,以激怒其众。尉果笞广。尉剑挺,广起,夺而杀尉。陈胜佐之,并杀两尉。

——《史记·陈涉世家》

从这段记录来看,说陈胜、吴广蓄意造反,倒是铁证如山。

吴广素来人缘好,数次以"欲亡"——逃跑——来激怒将尉,并且主动找侮辱,以获得戍卒们的同情。将尉果然上当,鞭笞吴广。注意,将尉只是想教训一下吴广,并没有抽剑斩杀他的意思。因为"剑挺",不是"挺剑"。"剑挺"是说将尉的剑脱出或者跌落在地。《史记集解》引徐广曰:"'挺'犹'脱'也。"[1]陈胜也没闲着,二人"并杀两尉"。由此,陈、吴二人之预谋已久,并非虚言。

---

[1] 参见陆宗达、王宁《"尉剑挺"解》,载《古汉语词义答问》(中华书局2018年版),页135—138。

杀掉将尉后，陈胜召集所有人，发表了一番演说：

召令徒属曰："公等遇雨，皆已失期，失期当斩。藉弟令毋斩，而戍死者固十六七。且壮士不死即已，死即举大名耳，王侯将相宁有种乎！"

——《史记·陈涉世家》

公等遇雨——

陈胜开口不凡，称呼一帮泥腿子的"闾左"为"公"，这是恭维人的客气话，目的是接近人。

皆已失期——

前文是"度已失期"，此处却斩钉截铁地说肯定迟到，这是骗人的假话，目的是吓唬人。

藉弟令毋斩，而戍死者固十六七——

假使我们不被斩首，也会死在边疆战场，这是真话、狠话，目的是威胁人。同时，这句话也证明了前文所言"失期，法皆斩"，并非必然。

且壮士不死即已，死即举大名耳，王侯将相宁有种乎——

迟到是死，即便不死也会累死、战死，总之一死，那就不如拼死一搏，还有机会扬名显贵。这是利诱，目的是煽动人。

陈胜这段话太有水平了！有策略，有层次，有力度。话虽不多，却刀刀见血，令人叹服！

四

陈胜、吴广造反,除去领导者能量巨大这个因素之外,我们应当看到更为深广的社会原因:秦王朝这个将溃的大堤,早已千疮百孔。

首先,秦朝滥用民力,严重超越了百姓的承受能力。据《史记·张耳陈馀列传》记载,武臣鼓动"豪桀"们反秦时说:

秦为乱政虐刑,以残贼天下,数十年矣。北有长城之役,南有五岭之戍,外内骚动,百姓罢敝……夫天下同心而苦秦久矣。因天下之力,而攻无道之君,报父兄之怨,而成割地有土之业,此士之一时也。

"天下同心而苦秦久矣"!此言一出,"豪桀"们都纷纷"然其言"。秦朝"残贼"天下的表现:北有三十万人戍守长城,南有五十万人征伐南越。此外,尚有七十万人修骊山陵墓。仅此三宗,征用的民力便有一百五十万之巨。如果加上其他各种劳役、徭役,如修直道、驰道等,秦朝征用民力的总数当不低于二百万人,这大概已经占了全国总人口的十分之一。这些人多为青壮年男子,本应是农业生产的主体,却被悲惨地驱使于旷野、边关,且时时面临着死亡的威胁。老子说:"民不畏死,奈何以死惧之。"秦朝"鞭笞天下",结局必然被颠覆。贾谊《过秦论》对这个问题说得有理、有据、有文采:

及至始皇,奋六世之余烈,振长策而御宇内,吞二周而亡诸侯,履至尊而制六合,执敲扑而鞭笞天下,威振四海。南取百越之地,以为桂林、象郡;百越之君,俯首系颈,委命下吏。乃使蒙恬北筑长城而守藩篱,却匈奴七百余里；胡人不敢南下而牧马，士不敢弯弓而报怨。……

始皇既没，余威震于殊俗。然陈涉瓮牖绳枢之子，甿隶之人，而迁徙之徒也；才能不及中人，非有仲尼、墨翟之贤，陶朱、猗顿之富；蹑足行伍之间，而倔起阡陌之中，率疲弊之卒，将数百之众，转而攻秦；斩木为兵，揭竿为旗，天下云集响应，赢粮而景从。山东豪俊遂并起而亡秦族矣。（节选）

其次，继承者的昏庸，加速了秦朝的灭亡。

秦二世胡亥这个混球上台后，进一步加重了百姓负担。比如，仅供他消遣娱乐的"打猎队"，竟然就有五万人之巨：

尽征其材士五万人为屯卫咸阳，令教射狗马禽兽。

——《史记·秦始皇本纪》

这些人吃穿用度开销很大，咸阳境内物资供应不上，便从其他郡县调拨。运送物资的人员不但要搭上力气，还得自备粮食，简直没有天理。所以，相较秦始皇，秦二世胡亥时代，"用法益刻深"。

秦始皇活着时，其威名足以震慑天下，朝政尚且清明。天下虽也"苦秦"，但无人敢于发难。等到他一撒手，这位"坑爹"的"皇二代"任用赵高，后者跋扈弄权。此时，秦朝内部已经烂透。"指鹿为马"便是最好的例证：

（按：秦二世三年）八月己亥，赵高欲为乱，恐群臣不听，乃先设验。持鹿献于二世，曰："马也。"二世笑曰："丞相误邪？谓鹿为马。"问左右，左右或默,或言马以阿顺赵高。或言鹿,高因阴中诸言鹿者以法。后群臣皆畏高。

——《史记·秦始皇本纪》

这个故事固然反映了赵高的弄权,不过我想强调的是,这个故事更映射出了胡亥的人生层级。从根本上说,赵高最多只是皇权的延伸,胡亥并非不可以控制他。但当看到赵高混淆黑白时,胡亥竟丝毫没有想去制止的意思,反而听之任之。表面看来,胡亥的确是个傻子。

其实,胡亥并不傻。只是他被赵高、李斯合谋推上皇位后,极度不自信。他有一位给了他巨大压力的伟大父亲——始皇帝。为了显示自己能与父皇无缝衔接,他耗费巨大财力物力,继续巡游天下。为了巩固自己的位置,他尽杀大臣、兄弟和姊妹,以掩饰自己的无能。这在《史记·秦始皇本纪》有明确记载:

(按:秦二世胡亥)乃阴与赵高谋曰:"大臣不服,官吏尚强,及诸公子必与我争,为之奈何?"

赵高也深知自己虽居高位,但"素小贱","大臣鞅鞅,特以貌从臣,其心实不服"。他给胡亥出了两个主意:一是制造冤狱诛杀大臣、诸公子;二是提拔新人以充实党羽。相较《史记·秦始皇本纪》,《史记·李斯列传》中说得更清楚:

赵高曰:"严法而刻刑。令有罪者相坐诛,至收族。灭大臣而远骨肉,贫者富之,贱者贵之。尽除去先帝之故臣,更置陛下之所亲信者近之。

此则阴德归陛下，害除而奸谋塞，群臣莫不被润泽，蒙厚德，陛下则高枕肆志宠乐矣。计莫出于此。"

这样赤裸裸地提出"灭大臣而远骨肉"、提拔奸小的国策，真是骇人听闻！胡亥却言听计从。他惜墨如金，只说了一个字——"善"。呜呼！如此之二人组合，如此治国，国如不亡，天理难容。

扫除异己只是手段，深居宫中终日淫乐才是胡亥的目的。他登基后，一切朝政均由赵高打理。不用问，如此安排，又是听信了赵高的建议。《史记·秦始皇本纪》记载：

赵高说二世曰："先帝临制天下久，故群臣不敢为非，进邪说。今陛下富于春秋，初即位，奈何与公卿廷决事？事即有误，示群臣短也。天子称'朕'，固不闻声。"于是二世常居禁中，与高决诸事。

赵高进言说，皇帝您刚刚继位，处理政务如不妥当，便是丢丑，不如索性不处理。不用说，胡亥像白痴一样，继续点头称善。当然，有人认为，在心理上胡亥视赵高为父亲，秦始皇死后，胡亥便像仰仗秦始皇那样依赖赵高。无论原因如何，结果都不会改变：赵高独揽大权把持朝政，一直到把秦朝江山彻底断送。

大概胡亥可能真的认识不到赵高的"胡搞"会有多严重的后果。因为，在胡亥的世界里，父皇已经为自己打下了铁桶江山，自己唯一要做的，就是——

凡所为贵有天下者，得肆意极欲。

——《史记·秦始皇本纪》

胡亥认为，贵为天子，享乐就是最大的事业。更令人惊讶的是，胡亥年纪轻轻，竟然已在感叹人生苦短，欲求长寿：

二世燕居，乃召（按：赵）高与谋事，谓曰："夫人生居世间也，譬犹骋六骥过决隙也。吾既已临天下矣，欲悉耳目之所好，穷心志之所乐，以安宗庙而乐万姓，长有天下，终吾年寿，其道可乎？"

——《史记·李斯列传》

胡亥继位时才十八岁，被杀也不过二十一岁，他竟然有如此老年人才有的心态，真是奇怪。我认为胡亥是个有严重心理疾病的病人。简单地说，父亲对他的负面影响太大。胡亥的心理可能是这样：皇爸爸您那么伟大，我永远无法超越；不过您也太不值，那么辛劳打下的江山，却没享受几天便撒手而去；所以，我——要——拼——命——享——受！

说这么多，归结为一句话：秦朝之亡，乱自上作，亡于朝廷。

五

接下来，我们不仅要问，天下苦秦者比比皆是，为何偏偏陈胜是反秦第一人？除了遇雨大泽乡这个突发事件的偶然因素外，还有没有必然的原因？这里我也先抛出结论：陈胜成为反秦第一人，与其出身等因素有莫大的关系。

首先，陈胜并不是普通平民，应该有贵族血统。《史记·陈涉世家》开篇道：

陈胜者，阳城人也，字涉。吴广者，阳夏人也，字叔。

陈胜名胜字涉，有"名"有"字"。有"字"的人往往透露出其有贵族身份，至少应是破落贵族，因为在当时平民百姓是没有取字的习惯或必要的。陈胜同期人中，项羽，名籍字羽，楚名将项燕的后代；张良，名良字子房，其父祖世代相韩；而出身平民的刘邦，就没有"字"，甚至连名"邦"也是称皇帝后才取的。此前，刘邦一直被人称为刘季，即刘老三。由此，陈胜有贵族血统之推测，应该不误。

同时，陈胜的姓氏也帮助了这种推断。据李开元先生的研究，战国秦汉时代，以国名为姓的现象很普遍，如韩王族姓韩，赵王族姓赵。陈胜的家乡阳城距离古陈国都城很近，由此，更增加了陈胜有贵族血统的可能性。

其次，陈胜不事生产，少有大志。"鸿鹄之志"这个耳熟能详的成语就出自他之口：

陈涉少时，尝与人佣耕，辍耕之垄上，怅恨久之，曰："苟富贵，无相忘。"庸者笑而应曰："若为庸耕，何富贵也？"陈涉太息曰："嗟乎，燕雀安知鸿鹄之志哉！"

——《史记·陈涉世家》

一般而言，平民百姓的眼界多比较狭窄，所以对陈胜"苟富贵，无相忘"的想法很难理解,"笑"便反映出他们根本不相信自己会有大富大贵那一天的"段位"。相反,陈胜的"太息"却再一次证明了他的与众不同。"鸿鹄之志"语出《吕氏春秋》:

> 夫骥骜之气,鸿鹄之志,有谕乎人心者,诚也。
> ——《吕氏春秋·士容论》

可见,陈胜是有相当文化修养的。这一点,陈胜与反秦领袖项梁、项羽、张耳、陈馀、韩信等人高度相似。同时——

第三,陈胜关注时局,审时度势,见地非凡。比如:

> 陈胜、吴广乃谋曰:"今亡亦死,举大计亦死,等死,死国可乎?"
> ——《史记·陈涉世家》

陈胜认为,为暴秦而死,还不如举事造反。这种观念非凡夫俗子所能有。再如:

> 陈胜曰:"天下苦秦久矣。吾闻二世少子也,不当立,当立者乃公子扶苏。扶苏以数谏故,上使外将兵。今或闻无罪,二世杀之。百姓多闻其贤,未知其死也。项燕为楚将,数有功,爱士卒,楚人怜之。或以为死,或以为亡。今诚以吾众诈自称公子扶苏、项燕,为天下唱,宜多应者。"吴广以为然。
> ——《史记·陈涉世家》

这段话反映出：第一，陈胜熟悉时局：胡亥继位不正，扶苏冤死；第二，陈胜熟知历史：楚国项燕有功，受楚人爱戴；第三，陈胜富于计谋：诈称扶苏、项燕未死，天下人定会云集响应。又是短短几句话，这个小小的戍卒屯长——陈胜——再次显示出非凡的领袖气质。

值得注意的是，如果将"天下苦秦久矣"与"楚人怜之"合起来看，那么陈胜更是明智，聪明过人。

"天下"，这里特指山东六国。秦始皇统一天下，六国被灭，受秦朝压制，失去了昔日的荣光，但山东六国复国之潮暗流涌动，一刻未停。秦统一中国，郡县天下，改变了自商、周以来诸侯分治的历史惯性。从项羽灭秦后分封诸侯而不做皇帝的选择来看，分封制仍然非常有市场。即使是刘邦建汉，最初的选择仍然是大封异姓诸侯。从这个角度来说，陈胜想借六国的复国热情来推波助澜，是极为聪明的选择。

更有深意的是，陈胜选择在大泽乡起事，这更是明智之举。从历史上看，大泽乡是楚将项燕抗秦旧战场，此地是"楚虽三户，亡秦必楚"反秦思潮最为鼓荡之地。陈胜选择此地起事，可谓审时度势。

再从时间上看，此时是秦二世元年。秦始皇已死，胡亥立威未稳，加上赵高把持朝政，此时的秦朝统治能力相对薄弱。再加上秦国主要兵力都用在北抗匈奴、南征南越之上，布防在"地方"上的兵力十分有限。从起事后的事态发展来看，也充分证明了这一点。陈胜、吴广的"张楚"大军摧枯拉朽，未费吹灰之力兵锋便直逼咸阳。章邯建议"郦山徒多，请赦之，授兵以击之"，临时武装上刑徒，这才解了燃眉之急。

六

最后一个问题,我们如何看待秦末这场惊天大乱呢?

毋庸置疑,这次造反是反抗暴政的正义之举。哪里有压迫,哪里就有反抗。秦朝民心尽失,亡国灭种实属咎由自取。

但同时,我们也应该看到这场巨变给天下人民带来的伤害:

> 汉兴,接秦之敝,诸侯并起,民失作业,而大饥馑。凡米石五千,人相食,死者过半。高祖乃令民得卖子,就食蜀汉。天下既定,民亡盖臧(按:同"藏"),自天子不能具醇驷,而将相或乘牛车。
>
> ——《汉书·食货志》

民生凋敝到什么程度?天子都选不出毛色相同之马来驾车,将相坐着当时的货车——"牛车"上班。天子、将相都如此拮据,平民百姓的生活境况就可想而知了。

如今有很多人崇拜项羽、韩信这样的战将,崇拜秦始皇、刘邦这样的帝王,我实难苟同。强力、强权背后是尸横遍野、血流成河。唐人曹松《己亥岁二首·其一》说得很对:

> 泽国江山入战图,生民何计乐樵苏。
> 凭君莫话封侯事,一将功成万骨枯。

战争,给整个社会带来的是毁灭性打击。秦始皇灭六国也杀人盈野,但尚罕有屠城的记录。项羽这些反秦将领,动辄屠城、坑杀,刘邦虽为

"忠厚长者",也不免时有屠城的记录。

刘邦建汉,汉承秦制,几乎没有制度创新,帝国还在原地打转。换句话说,秦末这场巨变折腾来折腾去,社会制度竟在原地踏步,甚至倒退。而刀兵四起,生灵涂炭,给亿兆斯民带来的巨疮,却是实实在在的,几十年、上百年也难以恢复。

秦末大乱之后,中国历史陷入了一种死循环。秦汉至明清两千年来,古代中国每隔几百年便要大乱一次,每次的结局都几乎没有任何制度上的突破,只是换一姓做皇帝罢了。这,难道不值得我们深思吗?

最后,我以元人张养浩《[中吕]山坡羊·潼关怀古》作为结束语:

峰峦如聚,波涛如怒,山河表里潼关路。
望西都,意踌躇。伤心秦汉经行处,宫阙万间都做了土。
兴,百姓苦;亡,百姓苦!

2017.6初稿
2019.12.28改定

音频版入口

第七篇

破釜沉舟
——《史记·项羽本纪》

项籍者,下相人也,字羽。初起时,年二十四。其季父项梁,梁父即楚将项燕,为秦将王翦所戮者也。项氏世世为楚将,封于项,故姓项氏。

项籍少时,学书不成,去;学剑,又不成。项梁怒之。籍曰:"书足以记名姓而已。剑一人敌,不足学,学万人敌。"于是项梁乃教籍兵法,籍大喜,略知其意,又不肯竟学。项梁尝有栎阳逮,乃请蕲狱掾曹咎书抵栎阳狱掾司马欣,以故事得已。项梁杀人,与籍避仇于吴中。吴中贤士大夫皆出项梁下。每吴中有大繇役及丧,项梁常为主办,阴以兵法部勒宾客及子弟,以是知其能。秦始皇帝游会稽,渡浙江,梁与籍俱观。籍曰:"彼可取而代也。"梁掩其口,曰:"毋妄言,族矣!"梁以此奇籍。籍长八尺余,力能扛鼎,才气过人,虽吴中子弟皆已惮籍矣。

……

项羽已杀卿子冠军,威震楚国,名闻诸侯。乃遣当阳君、蒲将军将卒二万渡河,救钜鹿。战少利,陈馀复请兵。项羽乃悉引兵渡河,皆沉船,破釜甑,烧庐舍,持三日粮,以示士卒必死,无一还心。于是至则围王离,与秦军遇,九战,绝其甬道,大破之,杀苏角,虏王离。涉间不降楚，自烧杀。当是时，楚兵冠诸侯。诸侯军救钜鹿下者十余壁，莫敢纵兵。及楚击秦，诸将皆坐壁上观。楚战士无不一以当十。楚兵呼声动天，诸侯军无不人人慴恐。于是已破秦军，项羽召见诸侯将，入辕门，无不膝行而前，莫敢仰视。项羽由是始为诸侯上将军，诸侯皆属焉。

　　章邯军棘原，项羽军漳南，相持未战。秦军数却，二世使人让章邯。章邯恐，使长史欣请事。至咸阳，留司马门三日，赵高不见，有不信之心。长史欣恐，还走其军，不敢出故道。赵高果使人追之，不及。欣至军，报曰："赵高用事于中，下无可为者。今战能胜，高必疾妒吾功；战不能胜，不免于死。愿将军孰计之。"陈余亦遗章邯书曰："白起为秦将，南征鄢郢，北坑马服，攻城略地，不可胜计，而竟赐死。蒙恬为秦将，北逐戎人，开榆中地数千里，竟斩阳周。何者？功多，秦不能尽封，因以法诛之。今将军为秦将三岁矣，所亡失以十万数，而诸侯并起滋益多。彼赵高素谀日久，今事急，亦恐二世诛之，故欲以法诛将军以塞责，使人更代将军以脱其祸。夫将军居外久，多内隙，有功亦诛，无功亦诛。且天之亡秦，无愚智皆知之。今将军内不能直谏，外为亡国将，孤特独立而欲常存，岂不哀哉！将军何不还兵与诸侯为从，约共攻秦，分王其地，南面称孤；此孰与身伏鈇质，妻子为僇乎？"章邯狐疑，阴使候始成使项羽，欲约。约未成，项羽使蒲将军日夜引兵度三户，军漳南，与秦战，再破之。项羽悉引兵击秦军汙水上，大破之。

——《史记·项羽本纪》（节选）

一

　　陈胜起事六个月后兵败，在逃亡途中被自己的车夫杀死。此后，山东六国反秦者以项梁、项羽叔侄最为引人注目。项梁与秦将章邯大战,前者兵败被杀。楚怀王为打压项羽,仅仅封其为次将,位置在"卿子冠军"宋义之下。楚怀王这个放羊娃极具战略眼光,派宋义、项羽、范增北上救赵,派刘邦西进攻秦。

项羽北上救赵而一战成名,从此"破釜沉舟"这个成语家喻户晓。那么,项羽是否如我们印象里那样,是楚汉之际威震天下、凭一己之力推翻暴秦的"战神"呢?

这有些"解构"英雄的意味,但未必无聊。读书越深入,就越不能满足于固有印象,读出自己的理解才更有意思,也更有意义。

二

《史记·项羽本纪》里记载"破釜沉舟"的文字如下:

> 项羽已杀卿子冠军,威震楚国,名闻诸侯。乃遣当阳君、蒲将军将卒二万渡河,救钜鹿。战少利,陈馀复请兵。项羽乃悉引兵渡河,皆沉船,破釜甑,烧庐舍,持三日粮,以示士卒必死,无一还心。

历史已经远去,"第一历史"已不再可能追寻得到。我们只能依靠太史公司马迁的这支笔来进行了解、分析。

从写作特点上看,司马迁这段叙写多用短句,节奏急促,一气而下。这带来的效果很明显:项羽气势如虹、勇冠诸侯,楚军神速推进、功毕于一役,战胜了不可一世的秦军。三个字——牛炸天!

然而,细读之则未必尽然。

思考之一：项羽靠什么"威震楚国，名闻诸侯"？

杀。

杀谁？

杀己方主帅。

按照司马迁的记载，项羽并不是因为杀秦军而威名大震，而是通过非常手段夺取权力而"名闻诸侯"。实际上，项羽一生的最大嗜好就是杀人，且专杀"大人物"，专杀"自己人"。我们来历数一下项羽一生的四大杀：

第一杀：会稽起事时，杀太守殷通。

秦二世元年七月，陈涉等起大泽中。其九月，会稽守通谓梁曰："江西皆反，此亦天亡秦之时也。吾闻先即制人，后则为人所制。吾欲发兵，使公及桓楚将。"是时桓楚亡在泽中。梁曰："桓楚亡，人莫知其处，独籍知之耳。"梁乃出，诫籍持剑居外待。梁复入，与守坐，曰："请召籍，使受命召桓楚。"守曰："诺。"梁召籍入。须臾，梁眴籍曰："可行矣！"于是籍遂拔剑斩守头。项梁持守头，佩其印绶。门下大惊，扰乱，籍所击杀数十百人。一府中皆慴伏，莫敢起。梁乃召故所知豪吏，谕以所为起大事，遂举吴中兵。使人收下县，得精兵八千人。

——《史记·项羽本纪》

秦末大乱之际，会稽太守殷通与项梁密谋反秦，可见二人关系之密切。殷通非常赏识项梁，并许诺让项梁与另一个叫桓楚的人出任大将。结果项梁欺骗殷通，招项羽入内斩杀了这位有知遇之恩的太守，并取而代之。此事之中，项羽够果决，够凶猛。却不得不说，如此对待一位有知遇之恩的长官，于道义有亏。

第二杀：夺权之时，杀主帅卿子冠军宋义。

（按：楚军）行至安阳，留四十六日不进。项羽曰："吾闻秦军围赵王钜鹿，疾引兵渡河，楚击其外，赵应其内，破秦军必矣。"宋义曰："不然。夫搏牛之虻不可以破虮虱。今秦攻赵，战胜则兵罢，我承其敝；不胜，则我引兵鼓行而西，必举秦矣。故不如先斗秦赵。夫被坚执锐，义不如公；坐而运策，公不如义。"

——《史记·项羽本纪》

楚怀王任命宋义为主帅发兵救赵。宋义的策略是让秦、赵厮杀，自己的楚军坐收渔利。这一策略固然保守，但不能说毫无道理。项羽再次故伎重演：

项羽晨朝上将军宋义，即其帐中斩宋义头，出令军中曰："宋义与齐谋反楚，楚王阴令羽诛之。"当是时，诸将皆慴服，莫敢枝梧。皆曰："首立楚者，将军家也。今将军诛乱。"乃相与共立羽为假上将军。

——《史记·项羽本纪》

注意，项羽斩杀宋义后，诸将的反应是"皆慴服，莫敢枝梧"。可见，诸将并非心服口服，只是恐惧于项羽的激情杀人，怕引火上身而已。这件事上，项羽再次毫无征兆地杀了"自己人"，手段同样残忍。

第三杀：入关之后，杀已经投降的秦王子婴。

居数日，项羽引兵西屠咸阳，杀秦降王子婴，烧秦宫室，火三月不灭；收其货宝妇女而东。

——《史记·项羽本纪》

此时秦王子婴已经投降，已然成了"自己人"，按道义项羽完全没有必要杀之。从武王伐纣开始，到秦始皇灭六国，鲜有杀降绝祀的先例。项羽这种行为破坏传统与规则，极为残暴，令人不寒而栗。与之形成鲜明对比的，是此前刘邦对待秦王子婴的态度：

汉元年十月，沛公兵遂先诸侯至霸上。秦王子婴素车白马，系颈以组，封皇帝玺符节，降轵道旁。诸将或言诛秦王。沛公曰："始怀王遣我，固以能宽容；且人已服降，又杀之，不祥。"乃以秦王属吏，遂西入咸阳。

——《史记·高祖本纪》

刘邦的政治修养比项羽高得太多，他深知杀掉子婴无益，留下反而为自己的政治形象加分。所以，刘邦非但没杀子婴，还与关中父老"约法三章"。这两个举动取得了良好的政治效果——"秦人大喜，争持牛羊酒食献飨军士"，"人又益喜，唯恐沛公不为秦王"。不得不说，刘邦能最终击败项羽而一统天下，绝非侥幸，良有以也。

第四杀：灭秦之后，杀盟军共主楚怀王熊心。

汉之元年四月，诸侯罢戏下，各就国。项王出之国，使人徙义帝，曰："古之帝者地方千里，必居上游。"乃使使徙义帝长沙郴县。趣义帝行，其群臣稍稍背叛之，乃阴令衡山、临江王击杀之江中。

——《史记·项羽本纪》

此时暴秦已灭，义帝（即楚怀王熊心）原本就是一个"政治花瓶"，对项羽毫无威胁，杀义帝有百害而无一利。唯一解释得通的理由，就是项羽的报复心极强。前者，楚怀王派将救赵，让项羽屈居宋义之下。此时，项羽俨然是天下霸主，义帝已成"多余人"，不可能再次掣肘。由此可见，项羽不仅气量狭小，且毫无政治头脑。他远不及后世的曹操，不明白挟天子以令诸侯的政治利润。果不其然，刘邦抓住项羽暗杀楚怀王的把柄，借机出兵，讨伐项羽：

（按：汉二年）三月……新城三老董公遮说汉王以义帝死故。汉王闻之，袒而大哭。遂为义帝发丧，临三日。发使者告诸侯曰："天下共立义帝，北面事之。今项羽放杀义帝于江南，大逆无道。寡人亲为发丧，诸侯皆缟素。悉发关内兵，收三河士，南浮江汉以下，愿从诸侯王击楚之杀义帝者。"

——《史记·高祖本纪》

刘邦正愁出师无名，项羽却主动送上了借口。刘邦掌握了舆论的主动权。此役虽然项羽大胜，刘邦大败，但战争结果并不能掩饰项羽政治上的低幼，甚至愚蠢。

综上，我们可以看出，项羽解决问题的手段就一个字——杀！

但是，只掌握一个"杀"字诀，不可能解决所有问题，更不可能成为合格的天下共主。

至此，我们已经明白了项羽"威震楚国，名闻诸侯"的实质。换言之，在诸侯心里，在读者心里，项羽到底是怎样一个人，都已心知肚明。

三

思考之二：救赵是否为项羽一人之功？

前文已经说过，按照《史记·项羽本纪》的记载，项羽是钜鹿之战的主角，气势如虹，兵锋所指，摧枯拉朽。不过，读《史记》有一个重要的方法——"互见"法，即应将同一事件、同一人物在不同的篇章中的记录"互补"来看。《史记·黥布列传》的记载：

> 项籍使（按：黥）布先渡河击秦，布数有利，籍乃悉引兵涉河从之，遂破秦军，降章邯等。楚兵常胜，功冠诸侯。

这段记载显然与《项羽本纪》有较大差异。在这里，黥布是"主角"，是楚军中作战最英勇、战功最卓著的将领。《黥布列传》接下来更重要的一句话是"诸侯兵皆以服属楚者，以（按：黥）布数以少败众也"。可见，如果只读《项羽本纪》，我们会误以为钜鹿之战的唯一"主角"只是项羽。

不过，司马迁在这两个传记里的记录似乎有些自相矛盾。

按上文《黥布列传》所说，黥布打先锋"数有利"后，项羽乘胜进军，最终取得胜利。果真如此，黥布厥功甚伟。但在《项羽本纪》中，黥布却成了彻底的反衬角色——"乃遣当阳君、蒲将军将卒二万渡河，救钜鹿。战少利，陈馀复请兵"。"当阳君"就是黥布（原名英布，因被施以"黔刑",故名)。项羽在黥布失利后,大将出马,搞定秦军。如此,项羽一战成名。

不知到底哪个记录更符合历史的真实。不过,有一点可以肯定,因为司马迁太喜欢这位西楚霸王了,所以在写《项羽本纪》时,故意屏蔽掉一些信息,极力去塑造项羽的高大形象。

四

同样的道理,在与秦将王离的较量中,太史公也有意"误导"读者,以此来塑造项羽的高大形象。

于是至则围王离,与秦军遇,九战,绝其甬道,大破之,杀苏角,虏王离。涉间不降楚,自烧杀。

——《史记·项羽本纪》

王离是秦国名将王翦之孙,秦帝国北部军大将,爵至城阳侯。他率领着十至二十万左右的秦军精锐。这些军队原本负责戍守长城沿线,北抗匈奴。如果项羽能击败、俘虏王离,或进一步说,项羽能迅速击败王离,自然是项羽"封神"的最好证据。

从上面引文来看,司马迁先用"于是"领起,接下来连用短句,使语句节奏很快。如此行文,给人的感觉是:项羽迅速击败并俘虏了王离。

在前文提及的"破釜沉舟"战斗中,楚军只"持三日粮"。这是不是表明项羽率军只此一击,便将秦军击溃了呢?

事实上,这个"于是"一下子"于是"了一个月。根据《史记·楚汉之际月表》记载：

（按：秦二世二年）十一月，（按：项）羽矫杀宋义，将其兵渡河救赵钜鹿。

（按：秦二世二年）十二月，大破秦军钜鹿下，诸侯将皆属项羽。

（按：秦二世三年）端月（按：即"一月"）虏秦将王离。

由此可见，钜鹿之战是一场旷日持久的战役，至少持续了一个月，而不是只持续了三天的小型战斗。可见，司马迁《史记·项羽本纪》里的记述，的确有误导读者的倾向。

接下来的问题：究竟谁俘虏了王离？我们来看《史记·项羽本纪》的记载：

当是时，楚兵冠诸侯。诸侯军救钜鹿下者十余壁，莫敢纵兵。及楚击秦，诸将皆从壁上观。楚战士无不一以当十，楚兵呼声动天，诸侯军无不人人惴恐。于是已破秦军，项羽召见诸侯将，入辕门，无不膝行而前，莫敢仰视。项羽由是始为诸侯上将军，诸侯皆属焉。

这场钜鹿之战产生了很多成语，"作壁上观"便是其中之一。项羽的楚军"一以当十"，大胜秦军。为塑造项羽的高大形象，太史公使用了"对比"和"侧面描写"的手法。诸侯军是一群窝囊废，躲在老巢不敢出兵，这是"对比"；战后诸侯将"无不膝行而前""莫敢仰视"项羽，这是"侧面描写"。

不过，如果翻看《史记》其他篇章，则是另一番景象：

> 当是时，燕、齐、楚闻赵急，皆来救。张敖亦北收代兵，得万余人，来，皆壁（按：陈）馀旁，未敢击秦。项羽兵数绝章邯甬道，王离军乏食，项羽悉引兵渡河，遂破章邯。
>
> ——《史记·张耳陈馀列传》

从这段记载来看，项羽所部楚军的主要战绩，是袭击章邯运粮甬道，并没有明确表示楚军是否起到"决胜"的作用。当然，项羽所部楚军在士气上给诸侯军以巨大鼓舞，还是毋庸置疑的。

那么，是不是说一定是项羽俘虏了王离呢？未必。《史记·张耳陈馀列传》又记载：

> 章邯引兵解，诸侯军乃敢击围钜鹿秦军，遂虏王离。涉间自杀。卒存钜鹿者，楚力也。于是赵王歇、张耳乃得出钜鹿，谢诸侯。

"诸侯军乃敢击围钜鹿秦军"，这句话表明，击溃围钜鹿秦军的是诸侯军，俘虏王离的也是诸侯军，并没有明说是项羽所部楚军的战果。

综合上述材料，可以得出如下结论：

第一，诸侯军并不是像《项羽本纪》所说那样，一直"作壁上观"，而是也加入了战斗；

第二，诸侯军不仅加入了战斗，应该还起到了非常大的作用——解围、俘虏王离；

第三，项羽所部楚军主要功劳是在后方骚扰章邯所部秦军，为诸侯军赢得了战机。

退一步说，击败围钜鹿秦军的诸侯军里，可能包含项羽所部楚军，但一定不是项羽一人之力。另外，从解围后的情形看，城中的"赵王歇、张耳"明确去"谢诸侯"，却未曾明确说单独去"谢"项羽，这也足以说明问题。①

由此，我们也可以推断，《项羽本纪》中诸侯将"无不膝行而前，莫敢仰视"，似乎是太史公为了"塑造"项羽的高大形象，而有意去突出的"文学"表现手法。

可见，太史公在《项羽本纪》中的确有意"塑造"项羽高大形象，大概因为他太喜欢这位西楚霸王了。如果从了解历史真实的角度出发，我们的确应该多去读一读《史记》中其他相关的篇章。

五

钜鹿之战中，我们向来关心项羽或者说反秦一方，比较容易忽略秦军一方。所以，最后我们再讨论一下王离为何兵败的问题。

先来看秦、赵两军的情况。王离率秦军精锐重兵包围钜鹿城，赵军龟缩城内。王离为何没有攻下钜鹿城？钜鹿城固若金汤吗？《史记·白起王翦列传》记载：

> 秦二世之时，王翦及其子贲皆已死，而又灭蒙氏。陈胜之反秦，秦使王翦之孙王离击赵，围赵王及张耳钜鹿城。或曰："王离，秦之名将也。今将强秦之兵，攻新造之赵，举之必矣。"

---

① 当然，在《史记·白起王翦列传》中，司马迁又明确说过"项羽救赵，击秦军，果虏王离，王离军遂降诸侯"这样的话。但这个唯一的表述，并不能完全推翻其余的证据。

王离所攻打的是"新造之赵",即刚刚建立的赵国(之前的赵国已经被秦始皇荡平)。进一步说,钜鹿城原本也不是什么都城或要塞,即便是,也属于"新造"之城,临时性很强,不会很坚固。这与秦始皇统一六国后的基本国策相吻合——"堕名城,杀豪杰;收天下之兵,聚之咸阳,销锋镝,铸以为金人十二,以弱天下之民"(贾谊《过秦论》)。而王离家族却是三代名将,又率领十几二十万虎狼之师,攻下弹丸小城钜鹿应该不成问题。

> 章邯引兵至邯郸,皆徙其民河内,夷其城郭。张耳与赵王歇走入钜鹿城,王离围之。陈馀北收常山兵,得数万人,军钜鹿北。章邯军钜鹿南棘原,筑甬道属河,饷王离。王离兵食多,急攻钜鹿。钜鹿城中食尽兵少,张耳数使人召前陈馀,陈馀自度兵少,不敌秦,不敢前。
>
> ——《史记·张耳陈馀列传》

兵法云"十则围之",王离的秦军对赵军有实力上的绝对优势,才可能围城。再者,又有章邯为其运送粮饷,后顾无忧。从上面材料来看,王离也曾"急攻钜鹿",不过从张耳能向陈馀求救、城内与城外可以互通消息这一点来看,王离似乎有网开一面的故意。当然,王离对援军则绝不姑息。钜鹿城外陈馀的五千援军似羊入狼群——"至皆没"——一触即溃。从这里也可以看出王离军绝非缺乏战斗力。

但无论如何,都看不出王离是全力以赴来攻打钜鹿城的。他心中有顾虑,还在犹豫。原因显而易见——

王离所部秦军,属于戍守长城防线的北部军,前主帅是大将蒙恬,王离是副将。可秦二世胡亥一即位,便铲除异己,兵不血刃就诛杀了与公子扶苏一党的蒙恬、蒙毅兄弟。蒙氏兄弟在秦国，无论是历史地位还是现世实力，都首屈一指。如此家族都顷刻间灰飞烟灭，王离哪能不害怕？兔死狐悲之感、灭顶之灾之惧，让王离逡巡不前。

雪上加霜的是，就在王离围钜鹿城之时，朝中几个位高权重的老臣又被赵高陷害致死。左丞相被腰斩，右丞相冯去疾、将军冯劫下狱后不愿受辱而自杀。当此之时，大秦帝国的内部已经烂透。久在政治漩涡中的王离明白，他越是迅速地取得胜利，他离死亡便越近一天。

之所以有这样的判断，是基于一个旁证。钜鹿城解围后，陈馀曾劝降另一路秦军的主将章邯，希望他能与诸侯军合纵攻秦：

> 陈馀亦遗章邯书曰："白起为秦将，南征鄢、郢，北坑马服，攻城略地，不可胜计，而竟赐死。蒙恬为秦将，北逐戎人，开榆中地数千里，竟斩阳周。何者？功多，秦不能尽封，因以法诛之。今将军为秦将三岁矣，所亡失以十万数，而诸侯并起滋益多。彼赵高素谀日久，今事急，亦恐二世诛之，故欲以法诛将军以塞责，使人更代将军以脱其祸。夫将军居外久，多内郤，有功亦诛，无功亦诛。且天之亡秦，无愚智皆知之。今将军内不能直谏，外为亡国将，孤特独立而欲常存，岂不哀哉！将军何不还兵与诸侯为从，约共攻秦，分王其地，南面称孤；此孰与身伏鈇质，妻子为僇乎？"

——《史记·项羽本纪》

陈馀这封信着实说到了要害。白起、蒙恬都是秦国名将，位高权重，最终却落得身首异处的下场。如今朝中赵高弄权，"有功亦诛，无功亦诛"，被杀是必然的结局。既然如此，还不如倒戈攻秦，保住身家性命。

史书中虽然没有明确记载，但按逻辑推测，被困钜鹿城时的陈馀也可能给王离写过类似的劝降信，因为他深谙秦朝主将的复杂心态。

所以，如果不是王离无心于战事，以诸侯军的实力，绝无可能战胜王离所部秦军。极有可能的是，王离曾试图与诸侯军结盟甚至投降，只不过未能最终实现而已。另外，史书虽无明文，但王离被俘后很可能为项羽所杀。《史记·项羽本纪》开篇介绍项羽的出身时，就明确交代：

（按：项羽）其季父项梁，梁父即楚将项燕，为秦将王翦所戮者也。

项羽这个杀人狂魔谁不敢杀？更何况与之有不共戴天"家恨"的王离！

王离被俘，不久后章邯倒戈。至此，秦帝国两大军团尽失，彻底覆亡只是时间问题了。

2017.6初稿
2019.12.28改定

第八篇
项王默然不应
——《鸿门宴》

沛公旦日从百余骑来见项王，至鸿门，谢曰："臣与将军戮力而攻秦，将军战河北，臣战河南，然不自意能先入关破秦，得复见将军于此。今者有小人之言，令将军与臣有郤。"项王曰："此沛公左司马曹无伤言之，不然，籍何以至此？"项王即日因留沛公与饮。项王、项伯东向坐；亚父南向坐。亚父者，范增也。沛公北向坐，张良西向侍。范增数目项王，举所佩玉玦以示之者三，项王默然不应。范增起，出召项庄，谓曰："君王为人不忍，若入前为寿，寿毕，请以剑舞，因击沛公于坐，杀之。不者，若属皆且为所虏。"庄则入为寿。寿毕，曰："君王与沛公饮，军中无以为乐，请以剑舞。"项王曰："诺。"项庄拔剑起舞，项伯亦拔剑起舞，常以身翼蔽沛公，庄不得击。

于是张良至军门，见樊哙。樊哙曰："今日之事何如？"良曰："甚急。今者项庄拔剑舞，其意常在沛公也。"哙曰："此迫矣，臣请入，与之同命！"哙即带剑拥盾入军门。交戟之卫士欲止不内，樊哙侧其盾以撞，卫士仆地，哙遂入，披帷西向立，瞋目视项王，头发上指，目眦尽裂。项王按剑而跽曰："客何为者？"张良曰："沛公之参乘樊哙者也。"项王曰："壮士，赐之卮酒。"则与斗卮酒。哙拜谢，起，立而饮之。项王曰："赐之彘肩！"则与一生彘肩。樊哙覆其盾于地，加彘肩上，拔剑切而啖之。项王曰："壮士，能复饮乎？"樊哙曰："臣死且不避，卮酒安足辞！夫秦王有虎狼之心，杀人如不能举，刑人如恐不胜，天下皆叛之。怀王与诸将约曰'先破秦入咸阳者王之'。今沛公先破秦入咸阳，豪毛不敢有所近，封闭宫室，还军霸上，以待大王来。故遣将守关者，备他盗出入与非常也。劳苦而功高如此，未有封侯之赏，而听细说，欲诛有功之人。此亡秦之续耳，窃为大王不取也。"项王未有以应，曰："坐。"樊哙从良坐。坐须臾，沛公起如厕，因招樊哙出。

——《史记·项羽本纪》（节选）

一

钜鹿之战后，项羽率领诸侯军一路向西，进逼关中。刘邦驻军霸上。此时，秦王子婴早已投降，刘邦接管咸阳，派兵把守函谷关。

函谷关有兵守关，（按：诸侯军）不得入。又闻沛公已破咸阳，项羽大怒，使当阳君等击关。项羽遂入，至于戏西。

——《史记·项羽本纪》

项羽派当阳君（按：英布，又称黥布）进击函谷关。入函谷关后，项羽屯军新丰鸿门，扬言要同刘邦开战。项羽叔父项伯，因张良曾有恩于己，夜入刘邦军营告密，令后者速逃。张良一番言辞，将项伯引荐给刘邦。项伯不分敌我，与刘邦约为婚姻，并建议刘邦次日去鸿门项羽军中谢罪，以缓和矛盾。第二天，中国历史上最著名的饭局——"鸿门宴"——便轰轰烈烈地发生了。

二

《鸿门宴》是高中语文教材中的传统篇目，很多人都很熟悉。不过，熟悉并不代表对某些问题有过较为深入的思考与探究。比如这几句：

> 范增数目项王，举所佩玉玦以示之者三，项王默然不应。
>
> ——《史记·项羽本纪》

项羽为何"默然不应"，不杀刘邦？这的确是一个值得探讨的问题。

一般认为，这是项羽"妇人之仁"所致。这一评价出自从项羽阵营反水的韩信之口：

> 请言项王之为人也。项王喑噁叱咤，千人皆废，然不能任属贤将，此特匹夫之勇耳。项王见人恭敬慈爱，言语呕呕，人有疾病，涕泣分食饮，至使人有功当封爵者，印刓敝，忍不能予，此所谓妇人之仁也。
>
> ——《史记·淮阴侯列传》

韩信说，项羽虽勇猛，但只会逞匹夫之勇。他恭敬慈爱，别人有病都能哭泣送饭，但封赏时却舍不得下放权力。总之，项羽只有"妇人之仁"，目光短浅。

从"事后诸葛亮"的角度来看，如果项羽此时杀掉刘邦，便没有了后来的乌江自刎。所以，此时项羽不杀刘邦，便是放虎归山。那么，项羽为什么不在鸿门宴上杀掉刘邦以绝后患呢？

如果我们把视野放宽一些，不只是局限在《项羽本纪》这一个片段上，就会发现：此时，项羽不该杀刘邦，也不想杀刘邦，更不敢杀刘邦。

首先，从道义上讲，项羽不该杀刘邦。

我们回到事情的原点。

项羽为何要攻击刘邦？因为刘邦"遣将守关""欲王关中"。这一点前文已经交代。那么，刘邦把守函谷关，不让诸侯军入关是否合理？

合理。

《史记·高祖本纪》记载：

（按：楚怀王）与诸将约，先入定关中者王之。

谁先入关破咸阳，谁就是关中之王，这是早已说好的约定。所以，按理刘邦就应做关中王。既然是关中王，自然可以"遣将守关"而"无内（按：同'纳'）诸侯"——阻挡项羽入关。

可能有人说，项羽军在河北与秦军主力血战，立下灭秦之大功，刘邦西行入秦并未受到什么阻力，一路平趋捡了漏，所以刘邦不配"王关中"。事情果真如此？

《史记·高祖本纪》记载：

当是时，秦兵强，常乘胜逐北，诸将莫利先入关。独项羽怨秦破项梁军，奋，愿与沛公西入关。

楚怀王帐下诸将"莫利先入关"——谁也不认为入关是轻省美差。常理推之，关中是秦朝的老巢，必然"秦兵强"，绝不会空虚。再者，不久前陈胜手下大将周文已经攻陷过函谷关，兵临咸阳城下。章邯率军迎击，将周文击退。有此前车之鉴，关中要地秦朝不会不派重兵把守。

事实上，刘邦所部楚军也是转战数千里、屡遭险阻才得以攻入函谷关、占领咸阳的，刘邦并没有像有些人想象的那样纯属"捡漏"，其攻秦艰难战事在《史记·高祖本纪》《史记·秦楚之际月表》中多有记载。所以，刘邦有大功于反秦的诸侯军，正如樊哙所说：

（按：刘邦）劳苦而功高如此，未有封侯之赏，而听细说，欲诛有功之人。

——《史记·项羽本纪》

刘邦军攻占秦人老巢，秦朝就此覆亡。这的确是诸侯军反秦事业取得的标志性胜利。如果项羽此时诛杀刘邦，道义上的确说不过去。

反过来说，此时项羽却已经失信在先：

或说沛公曰："秦富十倍天下，地形强。今闻章邯降项羽，项羽乃号为雍王，王关中。今则来，沛公恐不得有此。可急使兵守函谷关，无内诸侯军，稍征关中兵以自益，距之。"沛公然其计，从之。

——《史记·高祖本纪》

项羽明知楚怀王与诸将有约在先，却还封降将章邯为雍王，"王关中"，这是赤裸裸的背信弃约与仗势欺人。从这个角度来说，刘邦担心自己在关中立不住脚,才派兵把守函谷关,也实属项羽所逼迫。

项羽理亏如此,安能还在酒席宴间杀掉刘邦?前者出兵攻下函谷关,已属进攻友军,出师无名。此时如再进一步斩杀刘邦,不仅胜之不武,更会失信于天下了。

三

其次,从事态上讲,项羽不想杀刘邦。

鸿门宴并不是有预谋的饭局,项羽原本没有要请刘邦吃饭。刘邦听从了项伯的建议——"旦日不可不蚤(按:同'早')自来谢项王",才来鸿门项羽军中谢罪的。从"项王即日因留沛公与饮"这句中的"因"——于是——也可以看出,鸿门宴只是因为到了"饭点",顺便吃了一顿饭而已。

更何况,鸿门宴之前项羽已经表态——谅解了刘邦:

> 于是项伯复夜去,至军中,具以沛公言报项王。因言曰:"沛公不先破关中,公岂敢入乎?今人有大功而击之,不义也,不如因而善遇之。"项王许诺。
>
> ——《史记·项羽本纪》

经项伯这位"吃里扒外"的叔叔一番劝谏,项羽已经"许诺""善遇"刘邦。所以,从事态发展上看,项羽对范增斩杀刘邦的暗示"默然不应",就很好理解了。

从《史记》其他篇章来看,也能证明项羽此时根本没有杀刘邦之心，如：

> 亚父劝项羽击沛公。方飨士，旦日合战。是时项羽兵四十万，号百万。沛公兵十万，号二十万，力不敌。会项伯欲活张良，夜往见良，因以文谕项羽，项羽乃止。沛公从百余骑，驱之鸿门，见谢项羽。
>
> ——《史记·高祖本纪》

从这段记载来看，张良还曾给项羽写过信。泷川资言说："以书托项伯，亦未可知。"（《史记会注考证》）从项羽的反应来看，张良的书信大概是晓之以理、示之以弱之类的内容。此信的效果非常明确——"项羽乃止"，决定不再攻击刘邦。

再如《樊郦滕灌列传》也明确说项羽没有"诛沛公之心"：

> 项羽亦因遂己，无诛沛公之心矣。是日微樊哙奔入营谯让项羽，沛公事几殆。
>
> ——《史记·樊郦滕灌列传》

又如：

> 项王、范增疑沛公之有天下，业已讲解，又恶负约，恐诸侯叛之，乃阴谋曰："巴蜀道险，秦之迁人皆居蜀。"乃曰："巴蜀亦关中地也。"故立沛公为汉王，王巴、蜀、汉中，都南郑。
>
> ——《史记·项羽本纪》

这段材料里,不但明确说鸿门宴之前刘、项双方"业已讲解"——已经和解,还证明了上文所说项羽从情理上不该杀刘邦的原因——"恶负约"。另外,项羽、范增二人已经想好了打压刘邦的办法——"故立沛公为汉王,王巴、蜀、汉中,都南郑"。按事先约定,刘邦本应封为秦王,封其为汉王已经不合约定,再将其"流放"到贫困落后的巴蜀去,就更是仗势欺人的"遂己"行径了。

果然不出所料,不久后项羽的如意算盘得逞,鸿门宴后刘邦让出关中,远赴巴蜀。项羽封秦朝三名降将镇守秦国故地,其实际目的是监视、压制刘邦。

综上所述,鸿门宴发生之时,刘、项双方已经没有了实质性冲突。刘邦服软,项羽得逞。正如韩兆琦先生所说:

鸿门宴项羽不杀刘邦是底下预定好了的,不然,刘邦肯贸然前去么?刘邦可不是那种见义勇为,肯为什么信念而付出牺牲的节侠之士。

——韩兆琦《关于项羽一生的几个问题》

四

最后,从实力上讲,项羽未必敢杀刘邦。

刘、项双方的军事实力,《史记·项羽本纪》记载得似乎十分清楚:

当是时,项羽兵四十万,在新丰鸿门,沛公兵十万,在霸上。

——《史记·项羽本纪》

《史记·高祖本纪》也有相同的记载：

亚父劝项羽击沛公。方飨士，旦日合战。是时项羽兵四十万，号百万。沛公兵十万，号二十万，力不敌。

《项羽本纪》和《高祖本纪》都明确记载项羽兵四十万。如此，项羽军力是刘邦的四倍，显然占绝对优势。不过，《史记·楚汉之际月表》的记载却与此不同：

（按：秦二世三年）十月，项羽将诸侯兵四十余万，行略地，西至于河南。

这则材料明确指出，四十余万是指诸侯兵的总数，而不是项羽所部楚军的数量。另外，一向以严谨著称的班固《汉书》中记载：

汉元年，（按：项）羽将诸侯兵三十余万，行略地至河南，遂西到新安。……于是夜坑秦军二十余万人。

——班固《汉书·陈胜项籍列传》

《汉书》将项羽统率的诸侯兵总数"削减"了十万，剩了三十余万。据当代学者考证，诸侯兵的组成大致如下：

张耳所部赵军：约二至三万

臧荼所部燕军：约一至二万

田都、田安所部齐军：约二至三万

章邯、司马欣、董翳所部秦降卒：约十至二十万①

项羽、黔布所部楚军：约十万

果如上面所估计，诸侯军总数为三十至四十万。简言之，燕、赵、齐兵约十万，秦降卒约十至二十万，项羽楚军约十万。

退一步讲，项羽此时已是诸侯军的领袖，诸侯军会不会听从项羽调遣，一起攻击刘邦军队呢？

大概不会。

从历史上看，诸侯军战斗力原本就不强，还记得他们钜鹿之战"作壁上观"的表现吗？何况刘邦所部楚军不是敌军，而是友军，何谈攻之？

从未来上看，即使是项羽的"脑残粉"黔布，也未必听项羽调遣。黔布受封九江王后，项羽平定齐地之乱时想征调他来协助攻齐，黔布却消极怠工，后来竟被刘邦策反。

从现实利益上看，诸侯军攻击刘邦的驱动力也不足。诸侯军的根本利益是抢钱抢粮，裂土封王。再者，如果进击刘邦成功，谁能保证自己不会是下一个刘邦呢？所以，从唇亡齿寒的角度考虑，诸侯军也不会轻易跟着项羽去灭掉刘邦。

事实上，项羽在诸侯军中仅为一名"纵长"——合纵反秦盟军的盟主，就像《三国演义》中讨董卓诸侯联军中的袁绍那样，项羽对本部之外的诸侯军并无实际的指挥权。如此说来，与刘邦所部十万人马相比，

---

① 有学者认为项羽新安坑秦军二十万之事可疑，章邯所部秦军主力理应尚存，未被坑杀。参见李振宏《项羽"击坑秦卒二十余万人"献疑问》，载曹明秀、岳庆平主编《项羽研究（第一辑）》（凤凰出版社2011年版），页203—206。

项羽所部楚军在数量上并不占优势。当然，项羽也并非不明白这个道理，所以他生气归生气，最终也没有真的去攻击刘邦。

从对手角度来看，刘邦所部的十万军队的实力却不容小觑。刘邦集团是铁板一块，并不存在权力被分割的情况。况且这些军队一路摧城拔寨，已是百战之师。加之刘邦先入关中，收秦残兵，粮饷充足，布防充分，以逸待劳，项羽即便真的攻打刘邦，也没有必胜的把握。

综上所述，"项王默然不应"绝非"妇人之仁"四字所能概括，项羽不能杀、也不想杀、更未必敢杀刘邦。

五

有人怀疑，鸿门宴记录得如此详细，情节如此紧张，比小说还跌宕起伏，这不是真实的历史，而是司马迁虚构的"小说"吧！

我不妨先抛出我的看法：《史记》是一部信史，毋庸置疑。司马迁书写的是历史，绝不会去有意虚构。不过，鸿门宴这段历史的"史源"的确比较复杂。具体来说：

根据已有史书进行加工。

> 司马迁据《左氏》《国语》，采《世本》《战国策》，述《楚汉春秋》，接其后事，迄于天汉。其言秦汉，详矣。
>
> ——班固《汉书·司马迁传》

班固明确指出，司马迁书写秦末楚汉这段历史，主要取材自《楚汉春秋》。《楚汉春秋》是汉初追随刘邦的名臣陆贾所写，基本史实应该真实可靠。

搜集资料，网罗旧闻。

> 百年之间，天下遗文古事靡不毕集太史公。太史公仍父子相续纂其职……罔罗天下放失旧闻，王迹所兴，原始察终，见盛观衰，论考之行事，略推三代，录秦汉，上记轩辕，下至于兹。
>
> ——司马迁《太史公自序》

司马迁父子写史，还注重"遗文古事"，尽力去搜集各种文献（多非官方资料）。这大概也是《史记》中一部分内容看起来比较像"小说"的原因。

实地考察，收集口述历史资料。

> 太史公曰：吾适丰沛，问其遗老，观故萧、曹、樊哙、滕公之家，及其素，异哉所闻！方其鼓刀屠狗卖缯之时，岂自知附骥之尾，垂名汉廷，德流子孙哉？余与（按：樊）他广通，为言高祖功臣之兴时若此云。
>
> ——《史记·樊郦滕灌列传》

这段"太史公曰"是与鸿门宴关系最为密切的文献。可以判定，鸿门宴实有其事，因为司马迁亲自访问了刘邦、樊哙等人故乡的"丰沛"父老。更重要的是，司马迁与樊哙的孙子樊他广"通"，二人是好朋友。唐人司马贞说得更明白：

> （按：樊）他广，樊哙之孙，后失封。盖尝讶太史公序萧、曹、樊、

滕之功悉具,则从他广而得其事,故备也。

——司马贞《史记索引》

明晓了这一点,我们就可以理解鸿门宴中樊哙为何如此"抢戏"了。有亲孙子"捧",樊哙的"戏份"自然十足。

不过,鸿门宴这段历史,无论是取自《楚汉春秋》还是得自樊他广的口述,司马迁在转述中大概还是进行了一些"润色"。为说明这个问题,我们看一段《史记》与《楚汉春秋》(《史记》的蓝本)的对比:

范增说项羽曰:"……吾令人望其气,皆为龙虎,成五采,此天子气也。急击勿失。"

——《史记·项羽本纪》

项王在鸿门。亚父曰:"吾使人望沛公,其气冲天,五采色相缪,或似龙,或似云,非人臣之气,可诛之。高祖会项羽,范增目羽,羽不应。樊哙杖盾撞人入,食豕肩于此,羽壮之。

——郦道元《水经注·渭水注》引陆贾《楚汉春秋》

《楚汉春秋》说刘邦"非人臣之气",《史记》则上升到了"此天子气也"。这个变化很关键。范增是否有未卜先知的能力,能预知此时的刘季将来便是汉高祖刘邦呢?

应该不会。

"非人臣之气",这种表述是符合历史的;"此天子气也"则属于后人的润色。秦末山东反秦诸侯均未有一统天下成为"天子"的观念。恰恰相反,他们认为秦并天下是错误的,起兵反秦的目的恰恰是为恢复战国七雄的政治格局。项羽不做皇帝而自号"西楚霸王",便是最好的证明。后来刘邦定三秦、灭项羽,也不是出于一统天下的政治理想,其原动力是项羽分封诸侯不公,刘邦只是想要回属于自己的那一份应得利益而已。

所以,《史记》中范增说出"此天子气也"这样的话,显然属于汉朝统一天下后的话语体系。从这一点上看,不能不说司马迁对《楚汉春秋》的文字,应该是有所润泽加工的。

类似的问题,还有一处对比:

沛公已去,间到军中,张良入谢……项王则受璧,置之坐上。亚父受玉斗,置之地,拔剑撞而破之,曰:"唉!竖子不足与谋。夺项王天下者,必沛公也,吾属今为之虏矣。"

——《史记·项羽本纪》

沛公脱身鸿门,从间道至军。张良、韩信乃谒项王军门曰:"沛公便臣奉白璧一双,献大王足下;玉斗一只,献大将军足下。"亚父受玉斗,置地,戟撞破之。

——《太平御览》卷三五二引陆贾《楚汉春秋》

《楚汉春秋》并没有提及《史记》中所谓"夺项王天下者,必沛公也,吾属今为之虏矣"这些话。应该说《史记》记载这些话,同样有未卜先知的色彩。鸿门宴时,刘邦的实力虽然不弱,但尚无"夺项王天下"的实力。很显然,《史记》此处有为"圣朝"贴金的意味,这应该是司马迁的"创作",而非"记录"历史了。

六

前文已经论证过,司马迁写史绝非虚构,而是本着"实录"精神去记载历史。但是司马迁笔端常带感情,也会去润色"素材"。所以,如果不仔细分辨,还真容易被他"误导"。本文的最后,我再说两个关于项羽的成语,以论证我的这一判断。

鸿门宴后,项羽引军入咸阳,大肆烧杀抢掠。《史记·项羽本纪》记载:

居数日,项羽引兵西屠咸阳,杀秦降王子婴,烧秦宫室,火三月不灭;收其货宝妇女而东。人或说项王曰:"关中阻山河四塞,地肥饶,可都以霸。"项王见秦宫室皆以烧残破,又心怀思欲东归,曰:"富贵不归故乡,如衣绣夜行,谁知之者!"说者曰:"人言楚人沐猴而冠耳,果然。"项王闻之,烹说者。

说客建议项羽"王关中",项羽却说人富贵如不还乡,便是"衣绣夜行"。说客则讥讽项羽胸无大志、头脑简单,智商等于一只猴子。这个成语就是"沐猴而冠"。经过司马迁这样的记述,项羽的愚蠢便如画出,刻在读者心中了。实际上,项羽不在关中定都,自然有其失算之处,但也并非仅仅因为富贵还乡这样看似愚蠢的原因,而是基于诸多原因的考量:

第一,咸阳宫室已被焚毁,故都彭城却经营多年;

第二,咸阳已被屠城,关中人的怨恨导致群众基础不好,而彭城却是楚军的大本营;

第三，关中虽为秦国古都，山川形胜，物产丰饶，而彭城也并非不具有如此优势；

第四，项羽为楚人，部下也多"江东子弟"，从生活习惯考虑也应选择彭城，刘邦为汉王居巴蜀之时，部下纷纷逃亡返乡可为旁证。

此外，不仅项羽没有定都关中，即便是后来的胜利者刘邦，灭项羽后其都城也没有选择关中，而是洛阳，后再迁至长安。

退一步讲，富贵还乡并不能成为贬低项羽的理由。刘邦在平定天下后，也宣泄过衣锦还乡之情：

大风起兮云飞扬，威加海内兮归故乡，安得猛士兮守四方！

——《史记·高祖本纪》

再退一步讲，富贵不还乡如"衣绣夜行"，这并非项羽独创，而是秦汉时的俗语。无独有偶，刘邦也竟然曾说过几乎一模一样的话：

汉高帝灭秦，为汉王，王巴、蜀。阆中人范目有恩信方略，知帝必定天下，说帝，为募发賨民，要与共定秦。秦地既定，封目长安建章乡侯。帝将讨关东，賨民皆思归。帝嘉其功而难伤其意，遂听还巴。谓目曰："富贵不归故乡，如衣绣夜行耳。"徙封阆中慈乡侯。目固辞，乃封渡沔县侯。

——常璩《华阳国志·巴志》

所以，我们总不能因为刘邦是最终的胜利者，便认为刘邦的思乡、炫耀之情就比项羽的更高明更伟大吧！

2017.6初稿

2019.12.28改定

音频版入口

第九篇
美女之手
——《古诗十九首·迢迢牵牛星》

> 迢迢牵牛星,皎皎河汉女。
> 纤纤擢素手,札札弄机杼。
> 终日不成章,泣涕零如雨。
> 河汉清且浅,相去复几许?
> 盈盈一水间,脉脉不得语。
>
> ——《古诗十九首·迢迢牵牛星》

我们形容一个女子漂亮,总会用"美若天仙"这样的词汇。织女,这位下凡与牛郎恋爱的女子,本就是天仙。所以,她肯定是位美女了。这位美女美在何处呢?《古诗十九首·迢迢牵牛星》对其容貌的描写,仅写了一句——

纤纤擢素手。

纤纤,细长;擢,伸出;素,略带光泽的白色丝织品,这里作形容词用,指手指柔滑、白皙。诗句的正常语序应是"擢纤纤素手",即织女伸出细嫩、修长而又白皙的双手。

如此之手自然是美丽的,然而这似乎并不能直接看出织女有多美。在如今这个"看脸"的时代,假如对面走过来一位女子,常人的评判标准,多会是远看身材而近看脸蛋。可本诗的作者偏偏不写织女的身材与容貌,原因何在?

说到这,就不得不提及中国诗人的写作技巧与审美追求了。他们似乎很早就窥知了侧面描写的妙处,形成了"有""无"相生的认识。写其手之纤细修长,怎会不令读者联想到织女身材之纤细修长?写其手之柔滑白皙,①怎会不令读者联想到织女面颈、肌肤亦是如此?身材如此,肌肤如此,此人安能丑陋?

至于此诗完全没有描写织女的眉眼,也是同样的道理。每个读者对织女的容貌都有基于自己审美体验的想象,与其"定于一尊"产生僵化,就不如干脆省去不写,以一"无"而生万"有"了。

《迢迢牵牛星》这种以手来衬托美女之美的写法并不是孤例。《古诗十九首》的另一篇——《青青河畔草》——也有"娥娥红粉妆,纤纤出素手"这样的句子。《孔雀东南飞》中,写刘兰芝的美貌同样用了这种手法,说她"指如削葱根"。陆游的《钗头凤》,开篇也是"红酥手,黄滕酒"。如此之手捧如此之酒,大有"彩袖殷勤捧玉钟"之意了。

说到美女之手,我想到了新版电视剧《神雕侠侣》。小龙女的扮演者陈妍希,狂遭观众吐槽,说她气质太"村",和神仙般的小龙女形象不搭界。平心而论,之前的扮演者谁又是"真的"小龙女呢?我完全可以这样说:陈玉莲未免老成而近乎少妇,李若彤未免高冷而近乎刀客,刘

---

① 当然,织女既然是织女,织布自是她的"职业"。本诗专写其操纵织布机之手,也是符合人物身份的写法。

亦菲未免娇贵而近乎公主。"真的"小龙女到底什么样？《神雕侠侣》（香港明河社1976年版修订本）原著中这样写道：

杨过抬起头来，只见一只白玉般的纤手掀开帷幕，走出一个少女来。那少女披着一袭轻纱般的白衣，犹似身在烟中雾里，看来约莫十六七岁年纪，除了一头黑发之外，全身雪白，面容秀美绝俗，只是肌肤间少了一层血色，显得苍白异常。

可见，金庸先生是得了《古诗十九首》真传的。除去那双万万省不去的纤纤玉手外，对于小龙女的容貌，他没有做任何过多的描写。恰因如此，小龙女的形象才有了更大的弹性，读者怎么去想象都可以。

由此可见，如果小龙女躲在书中，那自然是一千个读者中那个符合自己审美标准的小美女。但是，如果小龙女走出书外，变成了被导演指定的某个演员，那这个演员一定是很难承受住观众的万千打量的。陈妍希如此，陈玉莲、李若彤和刘亦菲亦如此。

文学与影视属于不同门类的艺术，文学形象与影视表现两者之间，其实原本就缺乏切实的可比性。拿文学想象层面上的小龙女，来衡量影视作品中的具体扮演者，其结果一定是令人失望的，也是无聊的。所以，如果你不喜欢看陈妍希扮演的小龙女，也不必大为光火，换其他节目去看就是了。

补记：

中国人在描述四大美女之美时，甚至连纤纤素手都觉得多余了，只用美貌所产生效果的"沉鱼、落雁、闭月、羞花"八个字，就把四大美女给打发了，真是经济实惠到家的大手笔！

又记：

奥地利作家茨威格在《一个女人一生中的二十四小时》（人民文学出版社2006年版，张玉书译）中，也有对手的描写。他写赌徒们的手极为细致，很有张力，抄录附下：

从这样的角度进行观察，惟一发生变化的只有一双双手——在绿色的桌子四周有许多神志清醒、骚动不宁、静心等待的手，从各自不同的袖管里探出头来。每只手都是一头猛兽，准备一跃而起，它们形状各异，颜色不同，有的光溜溜毫无修饰，有的戴着指环和叮当作响的手链，有的长满绒毛活像野兽，有的汗湿弯曲活像鳗鱼，但由于极度焦躁不耐全都紧张得微微颤抖。

我情不自禁地老想到赛马场，开始比赛时，得使劲把亢奋的马匹勒住，免得它们抢先奔出：这些马匹也同样浑身战栗，昂起头颅，扬起前蹄。从这些手如何等待，如何伸出，如何停住，就可以看出其主人是何许人：手若紧抓不放，他必然个性贪婪；手若松弛无力，他必然挥霍成性；手若安详平静，他必然功于算计；手腕颤动不已，他必然绝望已极；抓钱的手势可以闪电般暴露出成百种性格，有人把钱揉成一团，有人神经质地把钱几乎揉碎，有人精疲力尽，手掌懒得动弹，下注时竟让钱放在那不去动它。我知道，有句俗话说，赌博见人品，可我要说：赌博时的手显示人品更为清晰。

同样是描写手，西方工笔细描式的写法，让人更有身临其境之感，这是东方写意式描写所不具备的。

2014.12.25

音　频　版　入　口

第十篇
长夜不寐伤心人
——阮籍《咏怀诗》

夜中不能寐,起坐弹鸣琴。
薄帷鉴明月,清风吹我襟。
孤鸿号外野,翔鸟鸣北林。
徘徊将何见,忧思独伤心。

——阮籍《咏怀诗》其一

一

不知我的判断是否正确,大多数的写作者都是亲近黑夜的。张承志在散文《静夜功课》中写道:

清冷四合。肌肤上滑着一丝触觉,清晰而神秘。我突然觉察到今夜的心境,浮凸微明的窗棂上星光如霜粉。

我悄悄坐下了,点燃一支莫合烟。

黑暗中晃闪着的一星红点,仿佛是一个异外的谁。或者那才是我。窗外阴云,室内沉夜;黑暗充斥般流溢着,不知是乌云正在浸入,还是浓夜正在漾出。其中那一点红灼是我的魂么，我觉得双目之下的自己的肉躯，已经半溶在这暗寂中了。

张承志等待家人熟睡之后，"屏息听听，暗幕中流响着母亲、女儿的细微鼾息——心中松了一下"，开始了他的静夜功课——思考与写作。那一点星红的莫合烟火，诱他坠入了思考的夜空，独立，交叉，剥离，混融，不知何者为我，何者为夜。夜的诱惑与魔力，竟如此之大。

我原来看不懂鲁迅先生的散文诗《秋夜》，如今想来，大概是因为没有将其放在黑夜的维度中去理解。比如这段：

我忽而听到夜半的笑声，吃吃地，似乎不愿意惊动睡着的人，然而四围的空气都应和着笑。夜半，没有别的人，我即刻听出这声音就在我嘴里，我也即刻被这笑声所驱逐，回进自己的房。灯火的带子也即刻被我旋高了。

独处黑夜，写作者身体里会生出一种纤长而灵敏的触须。触须完全不受写作者的控制，自行向四面八方探测，回收白日鲜能感知的信息。这信息形诸文字，自然不同于常思常想，往往带着某种神秘感，甚至令人费解，非写作者本人不能完全体会。鲁迅先生所写的夜半笑声，大概便是如此。如果想读懂这等文字，你还真需要去切实体验一番身处黑夜的感觉。

二

黑夜本为供人酣眠，写作者却经不住它诱惑，迷恋其静谧与开阔，或冥然兀坐，或起坐长嗟，或披衣彷徨。漫漫长夜，给了写作者足够的落笔时间，思维的野马在心灵的原野上奔驰，无拘无束。他们握着笔，眉头或舒或展，写不下去了，便走到窗前望一望那无尽的黑夜；文思涌来时，便伏案疾书，刻录下"红灼"的灵魂。

我虽称不上一名写作者，更不能与鲁迅、张承志两位先生相提并论，但也曾无数次体会过黑夜。

十五年前，我在那熟悉的火车站，体味着夜色逐渐由深沉变得肤浅。透过落满了细细沙土的玻璃窗向外望，小广场的露天早点摊儿上，冒着煤炭刚刚燃烧时产生的白烟，锅里的蒸汽与之缠绕、升腾，又弥漫而去。绿皮火车的汽笛声，夹带着远方的寒气，不时传来，惊扰着煮茶叶蛋铝锅里那咕嘟咕嘟的沸腾。人影渐多，嘈杂渐响，我又默默转身而坐。

彼时的我，已经大学毕业，在沈阳工作了两年后，又跑去北京读研究生。由北京返家的火车都是半夜才到县城车站，我要熬到清晨另一趟火车的到来，才能最终抵达久违的老宅。呆坐在站前那个破旧的小旅馆里，我感慨着自己的多变，后悔着自己的折腾，想：还不如安安分分待在沈阳教书，也不至于奔波、窘迫如是。

大概，人在白天与黑夜是两个不同的物种。白天在人前，多欢声与光鲜；黑夜独处人后，多沉思与焦虑。黑夜独处，人们卸下白天里沉重的铠甲，不必再装，不必再演，直面隐藏深处的自我。不过，这道理虽然简单，却非时间的浸泡、阅历的打磨而不能深切体悟。

现在，已是二〇二〇年二月七日的黑夜，我翻着曾经写下的硕士论文《阮籍〈咏怀诗〉考论》，有些挑剔，不免遗憾。虽然这篇论文当年曾获得答辩导师们的一致肯定，但是，那时仿佛是将阮籍放在一个玻璃罩里，如同看待文物一样去"研究"他。当时我想，动了感情，研究便不再客观。

如今看来，这种观念值得商榷。如果研究者不付出真情，以自己的阅历去理解历史中那曾经鲜活的古人，谈何深入？当然，现在，我也并不后悔，二十五岁的我与四十岁的我，自然不同。十五年来，人肯定又经历了更多的纷繁复杂。所以，现在，我再提起笔来写一写阮籍，希望能比当年更贴近他一些。

三

上文说过，一个人，白天在人前是一个样态，黑夜在人后又是一个样态，阮籍更是如此。阮籍的《咏怀诗》其一，是他黑夜样态的总写照：

> 夜中不能寐，起坐弹鸣琴。
> 薄帷鉴明月，清风吹我襟。
> 孤鸿号外野，翔鸟鸣北林。
> 徘徊将何见，忧思独伤心。

古诗的表达方式与我们现代人稍有隔膜，我试着将其语译如下：

暗夜中的月亮

穿过薄薄帷幔

晃着我的眼睛

起坐弹琴

给自己听

清风直透衣襟

吹凉内心

那缥缈孤鸿影

映在北林

未见心中的君子

空留下几声哀鸣

像我一样

在暗夜中

徘徊不前

忧心钦钦

阮籍此诗用了"北林"①的典故,所以我在译诗中加入了《晨风》中的一些句子,"忧心钦钦"云云便是。

其实,即便我不语译出来,这首诗也并不难懂。几百年后的苏轼,与阮籍同是黑夜伤心人,他被贬黄州时写道:

缺月挂疏桐,漏断人初静。谁见幽人独往来,缥缈孤鸿影。

---

① 《诗经·秦风·晨风》:"鴥彼晨风,郁彼北林。未见君子,忧心钦钦。如何如何,忘我实多!山有苞栎,隰有六驳。未见君子,忧心靡乐。如何如何,忘我实多!山有苞棣,隰有树檖。未见君子,忧心如醉。如何如何,忘我实多!"

惊起却回头,有恨无人省。拣尽寒枝不肯栖,寂寞沙洲冷。

——《卜算子·黄州定慧院寓居作》

苏、阮二人,都以孤鸿为化身,都是孤独寂寞者,一个"有恨无人省",一个"忧思独伤心"。这两首作品所表达的心情相似,心态差异却很大。苏轼可以在沙湖道中狼狈遇雨而"也无风雨也无晴",也可以"寄蜉蝣于天地,渺沧海之一粟"后"喜而笑";阮籍却始终是一个苦闷者,罗宗强先生称其为"苦闷的象征"。没有任何记载表明,他曾"喜而笑"过一次半次,所作八十二首咏怀诗中,总离不开"忧思独伤心"的基调:

忉怛莫我知。

——《咏怀诗》其七

憔悴使心悲。

——《咏怀诗》其八

凄怆伤我心。

——《咏怀诗》其九

感慨怀辛酸。

——《咏怀诗》其十三

悄悄令心悲。

——《咏怀诗》其十四

殷忧令志结。

——《咏怀诗》其二十四

谁知我心焦。

——《咏怀诗》其三十三

挥涕怀哀伤。

——《咏怀诗》其三十七

惆怅念所思。

——《咏怀诗》其四十九

恻怆怀所思。

——《咏怀诗》其五十五

伤心、忉怛、心悲、凄怆、辛酸、殷忧、心焦、哀伤、惆怅、恻怆，这样的字眼充斥着《咏怀诗》。大概，阮籍的生命从未经历过暖阳的照耀，他一直在冰冷地咀嚼着黑夜。也许，只有在黑夜中，他才感知到自己是个真实存在的人。

当然，阮籍也有他自己特殊的抗争手段，白日里穿上沉重的铠甲——任诞。

四

"任诞"是率性任情、荒诞乖戾的意思，《世说新语》中有"任诞"一门（按：门，相当于小的分类）。此门共收五十四则掌故，都是记述魏晋间人物"任诞"行迹的故事。阮籍这位任诞领袖，一人便占去十则。我们顺手看上几则：

阮籍一生嗜酒，常与朋友去酒馆喝酒。这在痛饮酒便可为名士的魏晋时代，再正常不过。酒馆的老板娘颇有姿色，当垆酤酒，招徕顾客，这也符合生活常理——漂亮的老板娘自然可增加酒馆的"流水"。但是，阮籍喝酒却喝出了奇葩事。他大醉后眠于老板娘之侧，搞得老板紧张兮兮。阮籍是大名士，小小的酒馆老板自不敢惹，却不免担心出事，遂暗中观察阮籍的举动。结果发现，他的担心是多余的，阮籍除了酣眠，终无他意。虚惊一场。①

这种事即便放在男女关系开放的今天，我们也不会觉得阮籍此举是正常的，而是过于"荒诞乖戾"，何况此事发生在一千多年前。那时，就连叔嫂之间都授受不亲。《礼记·曲礼》规定："叔嫂不通问。"阮籍的嫂子要回娘家探亲，阮籍为之送别。不用说，此举遭到了正人君子们的讥讽，说他伤风败俗，放诞无礼。阮籍毫不以为意，反唇相讥，白眼一翻，留下一句话：

礼岂为我辈设也？②

阮籍多一个字也不愿意去讲，话说得如此短促，如此解气，如此掷地有声又意气扬扬。此言可视作魏晋任诞之士的理论总纲。

似乎阮籍对女性有特殊的趣味。醉眠酒馆的老板娘之侧，可以解释为酒醉无行；与嫂相别，可以解释为老嫂比母，不必忌讳；不过，他去给一个素不相识的女子吊丧，则实在让人匪夷所思。阮籍邻家有女，才色无双，不幸未等出嫁便离开了人世。阮籍既不与此女相识，又与其父兄无旧，跟谁也没打招呼，便径去吊丧。灵堂之上，他大哭难止，留下一滩泪水，又在死者家属的惊愕与费解中，转身挥袖离去。

可能你会想，酒馆、家中、邻家，这些场合大概都比较放松，阮籍

---

① 《世说新语·任诞》："阮公邻家妇有美色，当垆酤酒。阮与王安丰常从妇饮酒，阮醉，便眠其妇侧。夫始殊疑之，伺察，终无他意。"
② 《世说新语·任诞》："阮籍嫂尝还家，籍见与别。或讥之。籍曰：'礼岂为我辈设也？'"

才敢于做出那些放诞乖戾的行为。事实上你想错了，即便是在最高统治者面前，阮籍也毫不怯场。

那是大将军司马昭府上，官员们个个正襟危坐，噤若寒蝉，拘谨得要命。只有阮籍一个人叉开双腿，酣放自若，啸歌不已。①司马昭的手下人来报告案情，说有人把自己的母亲杀了。阮籍拉了个长音，"噫"了一声，眼皮都没撩，自言自语道：杀了父亲还可以原谅，怎么能杀自己的母亲呢！此言一出，坐者无不骇然。

中国社会向来家国一体，父即君，君如父，杀父等同于弑君。司马氏父子欺负曹室孤儿寡母而攫取政权，一向不好意思提倡忠诚，所以特别祭出孝道作为政治纲领，以治天下。司马昭一脸铁青，质问阮籍：杀父是天下最大的恶行，你怎么可以说出杀父可以这样大逆不道的话来？

空气骤然凝固。

很显然，阮籍的言论触碰到了司马昭的统治底线。不过不要慌，我们的阮籍何等聪明，他在发言之前早就想好了如何答复。阮籍缓缓地说：禽兽只知道自己的母亲，而不知道自己的父亲是谁。杀父是禽兽之行，如果杀母，那才是禽兽不如。此事的结局是——"众乃悦服。"②

读到此处，我是有些疑问的。"众"指的是谁？"悦服"的原因又是什么？众人在此前可是"皆怪其言"的！我想，在座的礼法之士们绝不会"悦服"阮籍所言杀父可以的道理，而是悦服其睿智无双。阮籍玩了一个让人心跳、故弄玄虚的冷幽默。如果让我来导演这场戏，我会让司

---

① 《世说新语·简傲》："晋文王功德盛大，坐席严敬，拟于王者。唯阮籍在坐，箕踞啸歌，酣放自若。"

② 《晋书·阮籍传》："有司言有子杀母者，籍曰：'嘻！杀父乃可，至杀母乎！'坐者怪其失言。帝曰：'杀父，天下之极恶，而以为可乎？'籍曰：'禽兽知母而不知父，杀父，禽兽之类也。杀母，禽兽之不若。'众乃悦服。"

马昭先惊后怒再抚掌大笑，表情瞬间三变。

史书中说，司马昭手下的文俗之辈对阮籍疾之如雠，只因"大将军司马昭爱其通伟，而不加害也"（《世说新语·任诞》注引《魏氏春秋》）。阮籍真的"通伟"吗？在这个故事中，要我看，阮籍在司马昭面前无异于以倡优自处，虽然我并不愿意用"倡优"这个词来定义他。《世说新语·任诞》记载：

阮籍遭母丧，在晋文王（按：司马昭）坐，进酒肉。司隶何曾亦在坐，曰："明公方以孝治天下，而阮籍以重丧显于公坐饮酒食肉，宜流之海外，以正风教。"

何曾当面谗毁阮籍，认为司马昭应该将他流放到蛮荒之地，以端正风气教化。阮籍在母亲去世时饮酒食肉不假，何曾却故意漏掉了一些情节：

阮籍当葬母，蒸一肥豚，饮酒二斗，然后临诀，直言"穷矣"！都得一号，因吐血，废顿良久。

——《世说新语·任诞》

类似的记载还有：

籍母将死，与人围棋如故，对者求止，籍不肯，留与决赌。既而饮酒三斗，举号一声，呕血数升，废顿良久。

——《世说新语·任诞》注引邓粲《晋纪》

这两则资料都用了"废顿"二字，意思是阮籍因母亲去世五内俱焚、形销骨立，哀嚎之后大口吐血，悲痛欲绝。原来，阮籍"性至孝"！（《三国志·王粲传》注引《魏氏春秋》）可这位自诩正人君子的何曾先生，却是一个贪腐谄媚之徒，死后谥号是"缪丑"。如此种种，司马昭内心应该是清楚的，所以：

文王曰："嗣宗毁顿如此，君不能共忧之，何谓？且有疾而饮酒食肉，固丧礼也！"籍饮啖不辍，神色自若。

——《世说新语·任诞》

司马昭对何曾说，阮籍身体太差，看在我的面子上，就同情一下他吧！阮籍表面上"饮啖不辍，神色自若"，实际上他内心非常恐惧，《咏怀诗》中便可以读到这种恐惧：

拔剑临白刃，安能相中伤。
但畏工言子，称我三江旁。

——《咏怀诗》其二十五

阮籍说刀剑虽锋利，也比不上工于谗言之小人的谣诼中伤。可见，阮籍对自己所处环境之恶劣有着清醒的认识。他又写道：

单帷蔽皎日，高榭隔微声。
谗邪使交疏，浮云令昼冥。

——《咏怀诗》其三十

浮云蔽日，向来是奸邪小人谗害君子的形象说法。"谗邪使交疏"一句，更是直抒胸臆，阮籍深感"谗邪"的可怕。

可以小结一下了：阮籍白日在酒馆、家中、邻家、大将军府上的"任诞"之行绝非本色，这是他为保护自己而穿戴的沉重铠甲。他意在向世人宣布：我阮籍就是如此怪诞之人，我不正常，请放过我。

五

阮籍如此处世，说他软弱，可以，但说他无心少肝，却是对他莫大的侮辱。即便是在白天，只要不在人前，阮籍的面孔则判若两人。

《晋书》本传记载，阮籍"容貌瑰杰，志气宏放"，闭门读书"博览群籍"之外，他经常登山临水，连日忘归。阮籍曾登上武牢山，赋《豪杰诗》。《豪杰诗》虽已亡逸不存，但从题目也可看出，阮籍本有济世之志。他还曾登临广武，就是那个刘邦、项羽争霸天下的古战场，慨然叹曰：

时无英雄，使竖子成名！

把刘邦、项羽都不放在眼里，阮籍之"志"不可谓不大。当然，这里的"时"未必仅指群雄逐鹿的秦末楚汉之间，这"竖子"也未必仅指刘、项、樊、曹之辈。歌咏历史，向来是诗人借尸还魂、借古讽今的常用手段。阮籍身处的魏晋之际，"时"又何尝不是如此？

如果说曹操尚是靠自己的实力、功业称霸天下，曹丕则不然。如果他不是曹操的儿子，能轮到他上演禅位的好戏？司马懿老谋深算，也算屡有功勋，但他摘了别人种好的桃子，欺负曹家的孤儿寡妇，相比曹操又等而下之。司马师、司马昭兄弟原本只是浮华少年，如今却也权倾天下。如此种种，哪有道理可言！再者，动乱时代，一切道德、道理、规范、规矩，都要由有枪便是草头王的当局来专横定义。所以，一切与当下政权相左的，都会遭到疯狂、血腥的镇压，却美其名曰：乱世用重典。

阮籍是眼看着司马氏政权一天天崛起的。我开列一个简略的大事年表：

黄初元年（220年），阮籍十一岁。魏王曹操卒，曹丕逼汉献帝禅位，汉亡魏立。

黄初七年（226年），阮籍十七岁。魏文帝曹丕卒，魏明帝曹叡继位，曹真、司马懿等辅政。

景初三年（239年），阮籍三十岁。魏明帝曹叡卒，齐王曹芳继位，曹爽、司马懿等辅政。

正始十年（249年），阮籍四十岁。司马懿发动政变，魏室宗亲、辅政大臣、大将军曹爽，被杀。自此司马氏独揽大权。曹爽党羽，何晏、丁谧、邓飏等名士，被杀，皆夷三族。"同日斩戮，名士减半"。

正元元年（254年），阮籍四十五岁。齐王曹芳，被废，改立高贵乡公曹髦。曹室宗亲、征西将军、大名士夏侯玄，被杀。

正元二年（255年），阮籍四十六岁。魏镇东将军毋丘俭不满司马师擅权，起兵讨伐，被杀，传首京师。

甘露四年（260年），阮籍五十一岁。高贵乡公曹髦不甘其辱，只身率百十人讨伐司马昭，被弑，时年二十。司马昭改立常道乡公曹奂继位，年十五。

景元三年（262年），阮籍五十三岁。哲学家、诗人、大名士、阮籍好友嵇康，坐诬下狱，被杀，时年四十。

景元四年（263年），阮籍五十四岁。蜀国亡。冬十月，司马昭进位相国，加九锡。司徒郑冲率百官劝进，令阮籍撰《劝进文》，阮籍醉酒作之。是年冬，阮籍卒。①

汉衰魏立，魏室衰落，司马氏崛起，哪一个"转场"都伴随着腥风血雨。在阮籍的生命里，禅位闹剧、皇帝废立、边帅叛乱、名士被杀，林林总总，不绝于耳。

阮籍既不是魏室忠臣，也不愿意做司马氏的同党，但他"官二代"的身份，总与政治逃不开干系。阮籍的父亲，是曹操非常欣赏的书记官阮瑀，"建安七子"之一。陈留阮氏家世儒学，代不乏人。阮瑀于建安十七年（212年）病卒，阮籍年仅三岁。曹丕雅爱文学，悲悯阮籍母子孤弱，曾作《寡妇赋》以叙其情。得到太子乃至未来魏文帝的关照，阮籍从小就自带光环，加之他"容貌瑰杰，志气宏放""博览群籍"，显然他是出将入相的绝佳人选。阮籍自己也曾有大志，他在《咏怀诗》其十五中说：

昔年十四五，志尚好《书》《诗》。
被褐怀珠玉，颜闵相与期。

阮籍以孔子自喻，说自己曾精研儒家经典，胸怀珠玉。"国有道，则衮冕而执玉。"（《孔子家语·三恕》）看来阮籍也曾向往身着衮冕，登

---

① 本大事年表，据高晨阳《阮籍评传》（南京大学出版社1994年版），页344—354。

朝入仕。《咏怀诗》其三十八则更是慷慨激扬：

> 炎光延万里，洪川荡湍濑。
> 弯弓挂扶桑，长剑倚天外。
> 泰山成砥砺，黄河为裳带。
> 视彼庄周子，荣枯何足赖。
> 捐身弃中野，乌鸢作患害。
> 岂若雄杰士，功名从此大。

此诗歌颂建功立业，气魄宏大。韩格平先生认为，这是阮籍抒写早年情怀的诗歌。一向以"尤好《庄》、《老》"道家隐退面貌示人的阮籍，在这首诗里竟然否定了庄子，赞颂雄杰之士。这看似矛盾，却也不难理解，每个人都是一个矛盾的综合体，流变的发展体。

阮籍以其出身、才学，很早就引起了官场的关注。朝廷多次请他入仕为官，征辟者不乏如太尉蒋济、大将军曹爽这样位极人臣的大人物，阮籍或婉言谢绝，或不日辞官，未曾在官场作过多停留。

可是，当高平陵事变曹爽被翦灭、司马懿独掌大权之后，四十岁的阮籍却出仕为司马懿的从事中郎。严格意义上讲，从事中郎这个职位并不属于朝廷的官员，而是司马懿的私人僚属，直接对司马懿个人负责。阮籍在这样时机做出这样的选择，不得不让人多想。

在我看来，阮籍是一个异常清醒的人。他早看清了时局，非如此不可保住性命。然而，这却是一个艰难的抉择，会令时人、后人投来鄙夷的眼光，认为他没有同时代的嵇康高洁、刚硬。如果说嵇康是龙性难驯，那么，阮籍则是一条蛇，虚与委蛇，以避祸全身。

虽能避祸全身，却让阮籍这个大哲学家、大诗人、大名士痛苦异常，所以才有了那顶顶有名的穷途之哭：

（按：阮籍）时率意独驾，不由径路，车迹所穷，辄恸哭而反。

——《晋书·阮籍传》

阮籍独自一人驾车出行。说"驾车"其实是不准确的，他根本不去"驾"，而是信马由缰。等到无路可走时，便下车大哭一场。注意，阮籍是"恸哭"，比"痛哭"要哭得更深沉。"时"字表明，阮籍穷途之哭不止一次，而是常常如此。《咏怀诗》其二十也曾写道：

杨朱泣歧路，墨子悲染丝。

墨子见染丝而哭，因为丝可染黑也可染黄，正如世间之事翻云覆雨；杨朱哭泣于岔路，因为路可南可北，不知该走哪条，正如世间之事难以抉择。墨子、杨朱的悲哀显然不比阮籍：丝可黑可黄，也只有二色之惑；路可南可北，尚有南北可选。阮籍竟是无路可走！正如他《咏怀诗》其五所写：

北临太行道，失路将如何！

一个"失路"之人，要如何面对这个荒谬的世界？索性，只能用荒谬来对抗荒谬。《晋书·阮籍传》说：

（按：阮）籍本有济世志，属魏、晋之际，天下多故，名士少有全者，籍由是不与世事，遂酣饮为常。

六

阮籍自四十岁出仕为司马懿从事中郎后，后又历任司马师从事中郎、散骑常侍、司马昭从事中郎、东平相、步兵校尉等职，爵至关内侯。自四十岁起，阮籍一直未曾与司马氏父子脱离干系。在这些官职任中，阮籍将其"任诞"发挥到极致。不过，其中两次似乎都有"撒娇"的嫌疑：

第一次，求任东平相。

（按：阮）籍放诞有傲世情，不乐仕宦。晋文帝亲爱籍，恒与谈戏，任其所欲，不迫以职事。籍常从容曰："平生曾游东平，乐其土风，愿得为东平太守。"文帝说，从其意。籍便骑驴径到郡，皆坏府舍诸壁障，使内外相望，然后教令清宁，十余日，便复骑驴去。

——《世说新语·任诞》注引《文士传》

司马昭无论是出于"亲爱"的原因，还是出于只将阮籍视为政治花瓶的目的，每每"任其所欲，不迫以职事"。然而阮籍这次却主动请缨，表示愿意出任东平相（即东平太守）一职，这怎能不让司马昭心花怒放？阮籍的表现与同为大名士、士林领袖的嵇康，形成了鲜明对比。司马昭的表兄、"竹林七贤"的老大哥山涛曾举荐嵇康代替自己任吏部尚书而主持选举，嵇康竟然写下了著名的《与山巨源绝交书》，说自己有"不堪者七,甚不可者二",坚决不从。①

不过,不用问,阮籍求为东平相并不是真想为司马氏效力,只十余天就骑驴返程了,这连"仕禄"都算不上。此事有两点值得注意:一是阮籍并没有说实话,他所谓的"曾游东平,乐其土风"是十足的谎言。从阮籍所写的《东平赋》来看,东平世风浇薄,"背理向奸,尚气逐利",其"土风"令人生厌。二是他到任后也只做了一件事情,即把"府舍诸壁障"都毁掉,"使内外相望"。余秋雨先生在散文《遥远的绝响》中对此大加赞赏,认为阮籍的做法让工作效率大大提高,并言现代的公司、单位都应效仿之。余先生此言,不免有些文人气了。李白在这件事上看得非常明白:

> 阮籍为太守,乘驴上东平。
> 剖竹十日间,一朝风化清。
> 偶来拂衣去,谁测主人情。
>
> ——李白《赠闾丘宿松》(节选)

实际上,阮籍毁墙之举的高明之处,并不在于创造了所谓提高工作效率的办法,而是阮籍让自己暴露于所有人的"监视"之中,以示自己并无任何不可告人的私密可言。李白诗中,"主人"指司马昭。"谁测主人情"一句,说得太深刻了。阮籍人虽已到东平,可还是如履薄冰,谁知哪双眼睛正在监视着他呢!说阮籍"任诞",都错会了阮籍。阮籍是处

---

① 据韩格平先生判断,嵇康《与山巨源绝交书》写在景元二年(261年),事在阮籍求为东平相(正元二年,即255年)后六年。见韩格平《竹林七贤全集译注》(吉林文史出版社1997年版),页375。本文此处将嵇、阮任官之事对比,仅为说明二人之态度之差异。

处"至慎",① 处处不忘避祸。

第二次，求为步兵校尉。

（按：阮）籍闻步兵厨营人善酿，有贮酒三百斛，乃求为步兵校尉。遗落世事，虽去佐职，恒游府内，朝宴必与焉。

——《晋书·阮籍传》

阮籍听说步兵校尉营中有美酒，便向司马昭提出请求，希望出任步兵校尉一职。古往今来，还没听说哪个人因为欲饮美酒而求其官的，阮籍"任诞"也算是"诞"出了新高度。

从阮籍的角度说，他是"忻然求为校尉"（《世说新语·任诞》注引《文士传》），"忻然"二字表明，阮籍再一次向司马昭"撒娇"。司马昭"配合"得也很好：

阮籍以步兵校尉缺，厨中有数斛酒，乃求为校尉。大将军甚奇爱之。

——《文选·五君咏（颜延之）》注引袁宏《竹林名士传》

司马昭"甚奇爱之"！这位杀人如麻的最高统治者，对阮籍还真是宠幸有加。其实，司马昭心里很清楚，阮籍此举只是表明自己的积极合作态度而已，有何理由不玉成其事呢？

---

① 《世说新语·德行》："晋文王称阮籍至慎，每与之言，言皆玄远，未尝臧否人物。"注引李康《家诫》："上曰：'……然天下之至慎者，其唯阮嗣宗乎！每与之言，言及玄远，而未尝评论时事，臧否人物，可谓至慎乎！'"

七

酒是阮籍的标签，酣饮是他的生命常态。实际上，阮籍并非发自内心地喜欢喝酒，其八十二首《咏怀诗》中饮酒之事仅一见，竟然是这样：

> 一日复一朝，一昏复一晨。
> 容色改平常，精神自飘沦。
> 临觞多哀楚，思我故时人。
> 对酒不能言，凄怆怀酸辛。
> 愿耕东皋阳，谁与守其真。
> 愁苦在一时，高行伤微身。
> 曲直何所为，龙蛇为我邻。
>
> ——《咏怀诗》其三十四

临觞哀楚，对酒不言，千杯下肚，阮籍也只是借酒浇愁。东晋人王忱说：

> 阮籍胸中垒块，故须酒浇之。
>
> ——《世说新语·任诞》

"垒块"这个词语说得太形象了。阮籍胸中积郁得层层叠叠，酒也浇融不化。他一面要借酒为幌子，求官以狎昵司马氏，一面又要借酒来保持与司马氏的距离。《晋书》中说，司马昭曾欲为司马炎也就是后来的晋武帝向阮籍的女儿求婚。这在俗眼看来，是绝佳的政治机会，阮籍却因此大醉了六十天搪塞此事，没有让自己成为皇亲国戚。我想，他不愿与司马昭走得太近，更不想让女儿去宫中那个见不得人的地方。

说到阮籍替女儿拒婚，我生出一个看法：阮籍如此任诞，如此向司马昭"撒娇"，很重要的原因，是他以作践自己的方式来保护家人。《咏怀诗》其三说：

一身不自保，何况恋妻子。

反过来说，就是阮籍只有保全自身，才能保全家人。从母丧在司马昭府内饮酒食肉的记载来看，阮籍母亲的死亡时间不会早于正元二年（255年），因为这一年司马昭才继其兄司马师而任大将军。阮籍"恒游府内，朝宴必与焉"。是年，阮籍四十六岁，其母应在六十至七十岁左右。阮籍三岁丧父，又性本至孝，与母亲的感情肯定更为深厚。所以，他的与世俯仰，他的苟全性命，想必一定有赡养老母的责任在其间。

阮籍深爱家人，既是好儿子，又是好父亲。其子长大之后也要参与"任诞"，被阮籍严词拒绝：

阮浑长成，[①]风气韵度似父，亦欲作达。步兵曰："仲容已预之，卿不得复尔！"

——《世说新语·任诞》

长成是阮浑的字，他也要效仿父兄"作达"。阮籍说，你的堂兄阮咸（字仲容）已经参与此事，你就不要再参与了。这则记载很重要，不

[①] 阮浑字长成，此处"长成"二字亦可作"长大成年"解。

仅说明了阮籍等"竹林七贤"的放达是"作"——做作——出来的，并非本心，①更说明了作为一个父亲，阮籍的内心是柔软的。阮籍认为，自己已然如此，也便只能如此，绝不希望儿子再如此——痛苦的人生不要延续给下一代。

说到这里，我要引入一下嵇康。

嵇康一生刚硬，临刑时仍风神潇洒，得到当时、后世的一致认可与膜拜，可你是否知道，他写给自己儿子的话是什么样子的？

嵇康写给儿子的《家诫》一改清俊文风与细密文法，拉拉杂杂，磨磨叨叨，几乎不成文章。我选两小段感受一下：

> 所居长吏，但宜敬之而已矣。不当极亲密，不宜数往，往当有时。其有众人，又不当独在后，又不当宿留。所以然者，长吏喜问外事，或时发举，则恐为人所说，无以自免也。宏行寡言，慎备自守，则怨责之路解矣。
>
> ——嵇康《家诫》

语译过来，大意是：和长官相处，尊敬他们就可以了。不要过于亲密，不要频频拜访，如非拜访不可，也要选取恰当时机。如果和一群人去拜访长官，不要留在最后才走，更不要在长官家留宿。之所以如此，是因为长官喜欢套你话，一不小心你就会揭发了某些事情，那么别人就会说你告密，你就百口难辩了。多做事少说话，谨慎防备，保护好自己，那么怨恨的源头就没有了。

---

① 《世说新语·任诞》注引《竹林七贤论》："（按：阮）籍之抑（按：阮）浑，盖以浑未识己之所以达也。"

这还是龙性难驯、风神潇洒、揶揄钟会、大写《绝交书》的嵇中散吗？

再看一段，更为啰唆：

不须离搂，强劝人酒，不饮自己。若人来劝己，辄当持之，勿稍逆也。见醉薰薰便止，慎不当至困醉，不能自裁也。

——嵇康《家诫》

语译过来，大意是：与人喝酒，不要纠缠不休硬劝别人，对方不喝就算了。如果别人来劝你喝酒，一定做出奉陪的样子，不要有一丝忤逆。见到对方醉醺醺了就要停止，切切记住不要喝醉酒，喝得不省人事就难以自理了。

据学者推测，这篇《家诫》是嵇康狱中写给其子嵇绍的绝笔。嵇康被害时，嵇绍年仅十岁。

以前，我非常欣赏嵇康，而对阮籍颇有微词，觉得阮籍软弱，全无英雄之气，嵇康风神潇洒，临刑都帅到爆炸。读了嵇康的《家诫》后，我理解了一位将死的"老父亲"对幼子的舐犊深情，柔软到令人潸然下泪。

至此，我也理解了阮籍艰难苟活的不易与伟大。一个男人活着，并不仅仅是为自己而活，当"夷三族"这三个字频频出现在阮籍眼前时，他唯有善终，才有能力保护好羽翼下的那些家人。因为，家人更是弱者。

八

写到此处,我已倍感自己难以驾驭阮籍这个题目了。

阮籍一生的复杂、纠缠、苦楚、挣扎,绝非一篇文章所能道尽。我太自不量力,把文章写得也如此复杂、纠缠、苦楚、挣扎。此文我已连续写了近十个夜晚,当然这并不算阅读、整理材料所用的时间。如果从这个算起,我则已经构思了十几年。

不过,我也有自我解嘲的武器。每当我写文章觉得不满意时,就会拿出刘勰的话为自己开脱:

方其搦翰,气倍辞前;暨乎篇成,半折心始。

——刘勰《文心雕龙·神思》

南朝文艺理论家刘勰说,每个人在下笔之前都信心满满,赶等写完,都觉得连一半的预期也没有实现。既然这是无法破解的写作规律,索性,至此,我也就抓紧收手。

九

文章的最后,我还想补充几句,关于阮籍"忧思独伤心"的另外两个原因:

第一,年华易逝。

第二,游仙不成。

年华易逝是一个古老的话题,每一个时代的诗人都会反复咏叹。写时光易逝的诗句，我认为陶渊明的"日月掷人去"已经很好，李白的"朝如青丝暮成雪"更佳，但都不如阮籍写得触目惊心。他说：

朝为媚少年，夕暮成丑老。

——《咏怀诗》其四

我一直相信李白"朝如青丝暮成雪"是"偷"了阮籍诗意的。李白诗写得已够悲凉，却不如阮籍写得如此触目惊心。"媚"字用在"少年"之前，多么贴切，多么动人！不料，一日之内，"媚少年"成了垂暮"丑老"。每当我念叨这句诗时，总想起鲁迅在《祝福》中对柳妈的描写：

柳妈的打皱的脸也笑起来，使她蹙缩得像一个核桃。

虽然说没有皱纹的奶奶是不符合生活常理的，但谁都不愿成为那个的蹙缩的核桃，更何况还是在朝暮之间！所以，我觉得，即便只留下这一句诗，阮籍也可以跻身一流大诗人行列，雄视百代了。

《咏怀诗》其四在"朝为媚少年，夕暮成丑老"之后接着说：

自非王子晋，谁能常美好。

王子晋是一位得道飞升的仙人，阮籍在《咏怀诗》中经常提到。现实的挤压、缠绕，道家的学术背景，都让阮籍写下了多首游仙诗。阮籍希望通过精神的遨游，缓解现实的痛苦。他的《清思赋》就是集中写这些事情的，但赋作过长，我们还是看他的《咏怀诗》：

> 西方有佳人，皎若白日光。
> 被服织罗衣，左右佩双璜。
> 修容耀姿美，顺风振微芳。
> 登高眺所思，举袂当朝阳。
> 寄颜云霄间，挥袖凌虚翔。
> 飘飖恍惚中，流眄顾我傍。
> 悦怿未交接，晤言用感伤。
>
> ——《咏怀诗》其十九

阮籍博览群籍，尤其喜欢道家的《庄子》。《庄子·逍遥游》中曾提到一位神人：

> 藐姑射之山，有神人居焉。肌肤若冰雪，绰约若处子，不食五谷，吸风饮露，乘云气，御飞龙，而游乎四海之外。其神凝，使物不疵疠而年谷熟。

这位神人乘云御龙神游于四海之外，是阮籍诗中"佳人"的原型。阮籍希望通过"逍遥游"的方式，让自己紧张、郁闷的内心得到抒解，甚至能羽化登仙，彻底免除人世的痛苦。然而，任何肉体飞升成仙的事，从来也没有真实发生过。所以，阮籍在诗的结尾说，无论如何"悦怿"这位神仙佳人，都未能"交接"得上，徒留感伤。游仙的失败，把阮籍的通往精神自由之路彻底堵死。

很多诗人在失意彷徨之时，都能做到孤芳自赏，绝不在精神层面屈服，内心仍有宏远与广大。阮籍则不然，他绝望于自我，在精神上甘当燕雀：

> 鸒鸠飞桑榆，海鸟运天池。
> 岂不识宏大，羽翼不相宜。
> 招摇安可翔，不若栖树枝。
> 下集蓬艾间，上游园囿篱。
> 但尔亦自足，用子为追随。

——《咏怀诗》其四十六

阮籍在诗中说，"鸒鸠"（即燕雀）并非不羡慕海鸟（即大鹏）的宏图大志，只可惜能力不足。既然如此，便安于如此，翱翔于蓬蒿之间自我满足，也不失为一种逍遥啊！①

读到此处，我不禁一声浩叹——

阮籍不易！

众生皆苦！

2020.2.12　凌晨两点半，初稿
2020.3.13　改定

---

① 一般认为，到了西晋的郭象才提出"苟适其性，逍遥一也"的观点。实际上，阮籍早已开其先河。

附：

梦阮

阮籍这个名字在脑子里回旋了两三年，我一直没有勇气和能力来写他。大概是二〇〇五年的春夏之交，我从导师那里得知了这个原本就应该熟悉的诗人。阮籍在导师的心里，位列先唐三大诗人之一，另外两个自不必说，是屈原和曹植。

我找来阮籍的集子来读，找来《晋书》和《世说新语》等相关的书来读，找来专著、期刊文章来读，本以为对他有所了解了，可我的笔依然干涩。有动笔欲望，却一句话也写不出来。魏晋，这个本以为是宽袍大袖、纵酒畅谈的时代，在我的眼中褪去了颜色，成了一部黑白默片。荧幕上抖动着麻丝一样的亮条，没有声音，只见他们的嘴在动，蠕动，他们笑，他们啸，他们孝，他们哭，他们酷，他们不穿裤子。[①]谁是这场大戏的导演呢？

一天深夜，我从床上爬下，找来便笺，记下了几条阮籍研究中的突发奇想，突然一怔：我在做什么？阮籍为什么会闯入我的生活？正想着，恍然间他忽然真的来了。只见他并未披着长发，反而穿戴整齐。我使劲闻了闻，竟也没有酒气，虽脸色灰白，眼眸却不失光华。

我很诧异，正要问他，他先开了口：听说你在研究我，不知有了结论没有？

没，还没有。我受宠若惊，不知该怎样回答。

你不是要研究我吗？现在就告诉你，没什么好研究的。你是人，我

[①] 《世说新语·任诞》："刘伶恒纵酒放达，或脱衣裸形在屋中，人见讥之。伶曰：'我以天地为栋宇，屋室为裈衣，诸君何为入我裈中！'"

也是人，况且你又不了解我的真实情况，枉费纸墨，算了吧，不如好好休息多睡觉。他边说边整理着被风吹起来的衣袖，月光鉴照着他修长的双手。

那，你总得让我把论文写完吧，我还要硕士毕业啊！

哈哈哈！他大笑几声说，你们这些人，真是奇怪，动辄就要写论文，有什么好写的呢？写完了又有什么用呢？

不写完论文，我睡不好觉，你怎么会知道我的窘境！我有些窘迫了，心里想，无论怎样，一定要问他些什么，好给论文提供些一手资料。

喝点酒吧！我这还剩了点儿"牛二"，只是，不多了。

不喝，喝酒误事。他摆了摆手，眼神放空，望向窗外。

怎么不喝了呢？你不是经常喝酒吗？军营里有好酒，你不还要求去那里做步兵校尉？[①]司马昭要和你结儿女亲家，你不大醉了六十天吗？[②]小猪喝了酒瓮里的酒，你们不还照喝不误吗？[③]我努力地说出他与酒有关的旧事，看他如何回答。

你还忘了最重要的一次。大将军司马昭加九锡，我也大醉了好些天，可写《劝进文》的差事还是没有逃掉，照写不误。其实我早就知道，这事不同于拒婚，逃是逃不掉的，所以早就打了腹稿。[④]可见，酒是没有用的，我的五言诗中，便从不写酒。

---

① 《晋书·阮籍传》："（按：阮）籍闻步兵厨营人善酿，有贮酒三百斛，乃求为步兵校尉。遗落世事，虽去佐职，恒游府内，朝宴必与焉。"
② 《晋书·阮籍传》："文帝初欲为武帝求婚于（按：阮）籍，籍醉六十日，不得言而止。"
③ 《世说新语·任诞》："诸阮皆能饮酒，仲容至宗人间共集，不复用常杯斟酌，以大瓮盛酒，围坐相向大酌。时有群猪来饮，直接去上，便共饮之。"
④ 《晋书·阮籍传》："会帝让九锡，公卿将劝进，使籍为其辞。籍沈（按：同'沉'）醉忘作，临诣府，使取之，见籍方据案醉眠。使者以告，籍便书案，使写之，无所改窜。辞甚清壮，为时所重。"

他有些忧伤,渐渐垂下了头。

没有用,你为什么还喝?我直截了当地问。

为了活着。

活着?你难道没有听说过舍生取义的古训吗?

古训?他有些激动了。古训是什么东西?无非圣人的糟粕罢了。①人一旦死了,你还能听吗?你还能吃吗?你还能喝吗?别拿这些骗人的话来绑架我,那都是骗人的混账话。对了,把你的酒拿过来。

他有些入港。我赶紧把大半瓶"牛二"取出来。你等着,我去找个碗来。我知道他酒量大,小盏子肯定是不够的。

不必,用瓶即可。他一扬脖子,喝了一大口。

咳,咳,太烈了!我们常喝的不是这种。他又咳了几下。也罢,是酒就行了。

那,那你来的时候为何没喝呢?

这,这个你不懂。在那边,我早就不喝了,因为酒早已经失去了效用,我的胃、肝早就坏了,再喝就得再死一次。

你还懂养生啊?我一直以为,只有你的好友嵇叔夜懂这个呢?

懂又怎么样,还不是难免一死。他低声念叨着,又喝了一大口。

提到了嵇康,这是一个好话题,我正要问问他对嵇康的看法。

叔夜和你很熟吧?

当然。

他被司马昭大将军杀了,据说临刑时风神绝代,索琴弹奏了一曲《广陵散》,说什么《广陵散》从此就不复存在了。三千太学生为他请愿,

---

① 《庄子·天道》:"古之人与其不可传也死矣,然则君之所读者,古人之糟粕已夫!"

替他惋惜,[①]真是太有样了!

什么是"太有样了"?

哦,就是说觉得嵇康死得很风光,后世的人,当然包括我们今天的人,都对他充满了敬意。那,你说,嵇叔夜怎么落到这步田地呢?

他呀,不好说。不过,叔夜哪有什么实力起兵谋反呢?都是钟会竖子的逸诬。[②]再者,他从来无心于政治。不过,可以肯定,他其实并不想死。给吕安作证一案,[③]他万没想到会至于杀头的。

那,嵇叔夜不还是被杀了吗?

是啊,一介文人又能怎样呢?秀才遇上兵,有理说不清。不过,在刑场上弹琴,唉,出那个风头干什么呢?把生活都活成了诗的人,怎么可能还会活在本不是诗的生活中呢?他有些太在乎别人的评价了,这样做,无非只是给写史的人多一点噱头罢了。换作我,是不会的。其实,我的琴术并不比他的差。

阮籍这话让我很诧异,没想到他竟然和嵇康比起了琴术。

你不会不知道,我有"夜中不能寐,起坐弹鸣琴"那两句诗吧。琴,我弹得还是可以的。

[①] 《世说新语·雅量》:"嵇中散临刑东市,神气不变。索琴弹之,奏《广陵散》。曲终,曰:'袁孝尼尝请学此散,吾靳固不与,《广陵散》于今纪(按:应为"绝")矣!'太学生三千人上书,请以为师,不许。文王亦寻悔焉。"

[②] 《晋书·嵇康传》:"初,(按:嵇)康居贫,尝与向秀共锻于大树之下,以自赡给。颍川钟会,贵公子也,精练有才辩,故往造焉。康不为之礼,而锻不辍。良久会去,康谓曰:'何所闻而来?何所见而去?'会曰:'闻所闻而来,见所见而去。'会以此憾之。及是,言于文帝曰:'嵇康,卧龙也,不可起。公无忧天下,顾以康为虑耳。'因谮'康欲助毌丘俭,赖山涛不听。昔齐戮华士,鲁诛少正卯,诚以害时乱教,故圣贤去之。康、安等言论放荡,非毁典谟,帝王者所不宜容。宜因衅除之,以淳风俗'。帝既昵听信会,遂并害之。"

[③] 《晋书·嵇康传》:"(按:嵇康)性绝巧而好锻。宅中有一柳树甚茂,乃激水圜之,每夏月,居其下以锻。东平吕安服康高致,每一相思,辄千里命驾,康友而善之。后安为兄所枉诉,以事系狱,辞相证引,遂复收康。"

我突然想起，论文中有一个探讨这首诗是不是"序诗"的问题，索性就来问问他本人，以省去考证的功夫。便说，你的这首诗，是《咏怀诗》的"序诗"吗？

什么"序诗"，狗屁，你们这些人专门研究那没有用的东西，有甚用？如果还想聊几句，还是说说对我的评价吧。他话锋一转。

这个，不同的人有不同的看法，当然，觉得您……还是很多的。我没有隐瞒，但又找不出合适的词汇来，有些窘迫。

早就知道，和叔夜站在一起，我是矮了半头的。据说赵宋朝有一个叫什么叶梦得的，骂我骂得厉害，说我在嵇叔夜面前都不能并肩站立，应该跪倒自杖而死；①台湾有一个叫什么何启民的，诬陷我是间谍，说我专门为司马氏集团窃取情报的。②统统是放乱屁！不过，有一首写我的诗，倒还算是明白人，我记得是这样的——

阮公虽沦迹，识密鉴亦洞。

沈醉似埋照，寓辞类托讽。

---

① 叶梦得《避暑录话》（卷上）："阮籍不肯为东平相，而为晋文帝从事中郎，后卒为公卿作劝进表。若论于嵇康前，自宜杖死。颜延之不论此，而论涛、戎，可见其陋也。"又说："阮籍即为司马大将军从事，闻步兵厨酒美，复求为校尉。史言虽去职常游府内，朝宴必与。以能遗落世事为美谈。以吾观之，此正其诡谲，佯欲远昭而阴实附之。故示恋恋之意，以重相谐结。不然，籍与嵇康当时一流人物也，何礼法之士疾籍如仇，昭则每为保护，康乃遂至于杀身？籍何以独得于昭如是耶？至于劝进之文，真情乃现。籍著《大人论》，比礼法之士如群虱之处裈中。吾谓籍附昭乃禅中之虱，但偶不遭火焚耳。使王凌、毌丘俭等一得志，籍尚有噍类哉？"

② 何启民《竹林七贤研究》："按《魏志·高贵乡公纪》曰：'正元元年冬十月甲辰，命有司论废立定策之功，封爵、增邑、进位、班赐各有差。'籍封爵进位，将谓籍有废立定策之大功？寻考诸书，同时封关内侯者，唯得钟会一人，《魏志》卷二十八《会传》曰：'高贵乡公即位，赐爵关内侯。'但是封爵未能进位，比籍已自不如。钟会名公之子，司马氏之亲近左右，裴注称'会历机密十余年，颇预政谋'，然则籍之预谋明甚。"

长啸若怀人，越礼自惊众。

物故不可论，途穷能无恸。

是啊，我虽自认为有些识鉴，但也只能沈（按：同"沉"）醉、越礼，这个刘宋朝叫颜延之的小子倒还算知音。唉！不说这个了。是也罢，非也罢，管他呢！历史本来就是后人书写的。其本来面目怎样，后来人又怎能知晓得清楚呢！一笔糊涂账而已。

阮籍顿了顿，接着道：即便我自己，就一定能说清楚吗？我写了八十多首五言诗，无非也就是情绪、心境的诗化罢了。研究者们非要"以史证诗"，追寻些什么诗中的旨趣，追寻不出就说"阮旨遥深"。最可气的是注《昭明文选》的那五个昏人，句句都要挖出我暗指什么呀，赞成什么呀，讽刺什么呀，真病得不轻！他们懂诗吗？连诗是什么都没弄清楚！气能动物，物能感人，摇荡性情，发言落笔方为诗。[①]诗言情，非记史、说理之用也。听说李唐朝的杜甫之诗被誉为"诗史"，你以为这是什么褒奖吗？干脆写史就完了，何必作诗？李商隐倒是还不错，他是懂诗的人。

阮籍说得激动，青眼向我一瞥，[②]又道：你呀，记住，读诗也应如此，摇荡性情，体悟诗境为上。寻章摘句，动辄理性分析，就入了歧途。

我若有所思，待要再问，忽然梦醒。

万籁俱寂，明月在窗。

---

① 钟嵘《诗品·序》："气之动物，物之感人，故摇荡性情，形诸舞咏。"
② 《晋书·阮籍传》："（按：阮）籍又能为青白眼，见礼俗之士，以白眼对之。及嵇喜来吊，籍作白眼，喜不怿而退。喜弟康闻之，乃赍酒挟琴造焉，籍大悦，乃见青眼。"

说明：所附上文乃十二年前撰写的旧稿，游戏笔墨之辞。敝帚自珍，不忍舍弃，遂附于此，读者诸君一哂。

2007.5　初稿

2020.3.13　改定

音　频　版　入　口

第十一篇
简约不简单
——李白《静夜思》

床前明月光,疑是地上霜。

举头望明月,低头思故乡。

——李白《静夜思》

一

《静夜思》只有短短二十字,且明白如话,用得着写一篇扯烂锦绣的解读文章吗?

这样的问题我经常遇到。很多学生都会用类似的口吻说:李白就随意那么一写,我们也就随意那么一读,OK啦!你们语文老师烦不烦,长篇累牍、喋喋不休去分析什么章法,"挖掘"什么深意,有意思吗?不累吗?

我不是李白,当然不能确认一千年前的他是否只是随意那么一写。不过从这首诗的面貌来看,《静夜思》似乎是如李攀龙所谓"矢口唱出"(《唐诗训解》)的,或如钟惺所谓"不用意得之"(《古诗归》)的。即使我们不迷信李攀龙、钟惺这两位古人的评价,也能得出类似的结论。这首诗一读就懂，完全不用注释。

但是，不知你是否想过，《静夜思》为什么能千古传诵呢？为什么在中国小学生都能脱口吟出呢？

我的理解：

第一，短。《静夜思》只有二十字，如果除去像"明月""头"这些重复的字，便只剩十七字。如果再去掉"前""是""上"这些貌似无关紧要的字，则更少。短，自然好记诵，易传播。

第二，通俗。《静夜思》，一听就能明白，完全不用注释。屈原的《离骚》也是好诗，但只开头一句"帝高阳之苗裔兮，朕皇考曰伯庸"，便会吓退无数读者。如没有注释，就像在听鬼话。所以，能背下《离骚》全诗（两千多字）的，万人里也难以挑一。

第三，李白写的。名人效应一定是存在的。很多人都会说：李白的诗嘛，能不好？注意，这也是学生攻击语文课时最"有力"的武器。李白这首诗到底好不好，我们后面再细说。

第四，思乡主题。直至今天，中国在很大程度上还是农业社会。具有乡土意识的国人，都热爱土地，热爱故乡。思乡，是中国人最难割舍的情感，从举世瞩目的"春运"便能看出这一点。家乡的一草一木，一梁一柱，都会让游子魂牵梦萦。更何况故乡还有妻儿，还有亲朋。

不过，并不是所有的思乡诗都能万口传诵，《静夜思》还胜在"没说破"。沈德潜所谓"旅中情思，虽说明却不说尽"（《重订唐诗别裁集》），便是这个意思。《静夜思》写思乡，并没有具体到因何人、何事、何地而引发，也没有具体到思念对象究竟为谁。这种"笼统"的面貌，能得到更广泛的共鸣。只要你离家在外，只要你望见一轮在天，都可能会不自觉地吟诵李白这首"万金油"式的思乡诗。而且，你阅历越深，年龄越大，这种情感便可能越敏感，也越深沉。

二

说了这么多话，其实都是些"外围"的言说。于读者而言，读诗最重要的功夫是关注"诗内"，即对诗歌本身的理解。

有一种理论说，作品被创造出来后，便具有了脱离作者而独立存在的效能。文字的"排列组合"本身，能形成一种"召唤机制"。读者可以也应该根据作品的这种"召唤机制"，悟得自己的东西。而所谓作家、背景等内容，都不是理解作品的根本条件。

由此，即便《静夜思》是李白"矢口唱出"的作品，但诗歌本身却并不见得一览无余。如果将目光聚焦在诗歌本身的话，可能会读出一些滋味来。清朝人章燮说：

只二十字，其中翻覆，层出不穷。本是床前明月光，翻疑是地上霜。则见天上明月，见明月则思故乡，思故乡则头不得不低矣。床前，则人已睡矣。疑是地上霜，则披衣起视矣。举头望明月，低头思故乡，则不能安睡矣。一夜萦思，踌躇月下，静中情形，描出如画。

——章燮《唐诗三百首注疏》

章燮的评语说了两点：

第一，《静夜思》是有逻辑的。前后四句，环环相扣，不能以李白随意胡说视之。这一点很重要，优秀的文学作品都不会是一团乱麻。

第二，《静夜思》并不只有二十个字。在明白如话的"浅貌"之下，诗句里是隐藏着"深衷"的：

床前明月光——

作者提到"床"字，则暗示本应卧床睡去，但这恼人的月光搅扰得旅人不能安睡。诗人的心湖波澜，已藏在文字之下。

疑是地上霜——

既然有"霜"，加之明月皎洁，则时令在中秋最合情理。"疑是"两字点明，诗人已明知此"霜"非霜。既已否定了自己的判断，为何还要写进诗中？可见，这句意在写自己心中铺满了秋霜。一股凄清冷寂之气，从诗缝中透袭而来。

举头望明月——

如果诗人之前已然卧睡，则"举头"两字表明，诗人已披衣起坐，或者已踱步室内，甚至已彷徨庭中。这披衣起坐，这踱步室内，这彷徨庭中，诗人却都没有明说，而是用"举头"二字暗示出来。诗人呆坐良久，沉吟良久，徘徊良久，足见这月色扰人之深与感人之至。

思乡为何要望明月？

因为，明月是最能代表相思之意。据汉代的《淮南子》记载，嫦娥为防止逢蒙偷走"不死之药"，自己将其吞下，结果飘然升天。但她不忍与丈夫后羿分离，日日思念，盼望早日回到人间与之团聚。自从这个神话流传开后，月亮便成了寄寓思念之情的典型意象。

低头思故乡——

低头而思，是寂寞的思念者最标准的姿态。但是，你能说举头望月时，诗人没有思故乡吗？怀疑地上生霜时，诗人没有思故乡吗？见到床前洒满月光时，诗人没有思故乡吗？如此，则《静夜思》句句都在写思故乡。这也就是吴修坞所谓"回环尽致，终不得以率易目之"（《唐诗续评》)的意思了。

诗之所以是诗,便在于其有回味的余地。诗是凝练的、跳跃的语言艺术。读诗需要去填补诗歌的"断裂"地带,从"字缝"里去品味作者丰富的内心世界。

三

我们熟知的《静夜思》是经过明代人"修改"过的版本,[①]李白诗集的原文是这样的——

床前看月光,疑是地上霜。
举头望山月,低头思故乡。

前文已经说过,文本是有"召唤机制"的。不同的文本,一定会带来表情达意上的差异。

"明月光"强调月光的皎洁,诗人"不得不"被月光搅扰,勾起了思乡之情。"看月光"则更强调诗人是主动地注视,如此,则诗人心中的思乡之情一直萦绕在怀。从表达效果上看,"看月光"实际上将李白的"思念长度"拉得更长了。

前文已有"明月光",此处再用"望明月","明月"便重复了,但

---

① 李白本集各本均作"床前看月光",宋郭茂倩《乐府诗集》、宋洪迈《万首唐人绝句》亦均作"看月光"。明李攀龙《唐诗选》改"看月光"为"明月光",其后,清朱昆《李诗直解》、清王士祯《唐人万首绝句选》、清沈德潜《重订唐诗别裁集》均从之作"明月光"。又,李白本集各本均作"举头望山月",《乐府诗集》亦作"望山月"。《唐诗选》改"望山月"为"望明月",《李诗直解》亦从之作"望明月"。

诗歌却更加"民歌化"了。民歌从不忌讳重复与单一，反而因为重复与单一，变得更通俗更上口。

如用"望山月"，则诗人的目力所及更遥远，心情也仿佛要跨越黑魆魆的群山，飘向更遥远的故乡。

我并不知晓改动李白此诗的明代人是如何想的。大概，认为改成这个样子，更符合民歌的样子吧。因为，"静夜思"这个题目本不是李白的原创，而是"乐府"旧题。李白这首《静夜思》，就曾收录在《乐府诗集》里。

究竟是"明月光"好还是"看月光"好，究竟是"望明月"好还是"望山月"好，这大概是很难说清楚的问题。如果是一丝不苟的研究者，会以"求真"为解读诗文的第一要务，自然认为李白的"原配"为好。对于广大的读者来说，既然"修订版"已经接受了几百年，似乎也没有什么必要再去较真了。较真儿反而显得不够通达了。

四

开头我说，这诗通俗得根本不需要注释。但有人却对"床"字该如何理解，提出了异议。

一种观点认为，唐朝时中国根本没有床，都睡榻榻米。"床"不是用来躺着睡觉的"bed"，而是用来坐着的"马扎"。持这一观点的人不少，讲过《百家讲坛》的马未都先生就表达过这样的看法。"马扎"在古代时被称为"胡床"是没错的，但说唐朝没有用来躺卧的"床"，就不对了。黄永年先生在《唐史十二讲·唐代家具探索》中有详细的考证：

床在先秦古画里是常见的，最初只作为卧具，当然也只是"高贵"些的才用，"卑贱"的就睡在地上，《诗·小雅·斯干》就说"乃生男子，载寝之床"，"乃生女子，载寝之地"，到《后汉书·列女传》载班昭的《女诫》中还说："卧之床下，明其卑弱"。至于兼作坐具，大概始于汉代，东汉时刘熙的《释名》里已说："人所坐卧曰床。"……

床是什么样子？既然最初只是卧具，面积应该比较宽大，东汉时服虔的《通俗文》说："八尺曰床"（《初学记》卷二五引）。但开始时不会这么高，河北望都汉墓壁画所画主记史像坐在床上，有四条床腿，高度按比例只有五寸左右，所以古代有"用龟支床足"的故事（《史记·龟策列传》）。以后《女史箴图》和北魏司马金龙墓木板漆画上的床都升高了。

唐代的床，在日本正仓院里藏有圣武天皇的"御床"两张，见日本天平胜宝八年（765年）的《东大寺献物帐》，惜已失去。在敦煌壁画的所谓《得医图》（窟号217）、《帷屋闲话图》（窟号85）、《战争图》（窟号12），传为阎立本画实为后人摹本《帝王图》的陈文帝像和陈废帝像，日本教王护国寺藏李真画的《不空金刚像》，以及传为顾恺之实为唐人画后人所摹的《洛神赋图》里还可以看到，形式都一致，即：（1）略带长方形。（2）高度和现在差不多。（3）床面中间一块大木板，四周镶以木条，和旧式八仙桌的桌面做法一样（这在《不空金刚像》上看得特别清楚）。（4）床腿不是四条而是八条，大的在八条以上，而且每条腿的边不作直线而是弧形，看起来很美观且有坚实之感。（5）为了防止腿的松散，现在的木制桌椅往往用木条在腿的中部联结起来以加固，唐床也用木条联结腿部，但联结在最下端，也颇有坚实之感。

这些唐床有大小两种。大的如《得医图》《帷屋闲话图》上的可以坐几个人。唐姚汝能《安禄山事迹》所载唐玄宗赏赐安禄山的东西中有"白檀香床两张,各长一丈阔三尺",当然是坐卧两用的。小的则只能坐一人,只是坐具不是卧具。这在东汉时已是如此。《释名》讲了床之后又说:"小者曰独坐。"可见当时已有供一人独坐的小床。这种小床当然不能用来睡觉。旧式大床虽然可坐可卧,也不一定都坐卧兼用。

由黄永年先生的考证可知,中国古代早有可供卧睡的床。将李白"床前明月光"句中"床"字理解为睡觉用的卧具,毫无问题。其实,即使不从考古的角度来看,汉代《古诗十九首》中早就有"荡子行不归,空床难独守"这样的句子。你总不能让男女二人一起睡在马扎上吧!退一步讲,似乎让大诗人李白坐在马扎上吟诗,也总觉得不太风雅,你说呢?

另一种理解认为,这"床"不是"bed",而是"井床"。古人凿井后,要用砖石或竹木在井边围上一圈井栏,这井栏也叫"井床"。古乐府说:"后园凿井银作床,金瓶素绠汲寒浆。"(《乐府诗集·舞曲歌辞三·淮南王篇》)可见,称井栏为井床,古已有之。所以,将"床前明月光"中"床"字解释为"井床",说得通。李白诗歌中确实也有将以"床"为"井床"的例子,如《长干行》说:

妾发初覆额,折花门前剧。
郎骑竹马来,绕床弄青梅。

两个小儿女在门前嬉戏,绕着水井互丢青梅打闹。其所"绕"之"床",便是指"井床"。否则,这个小男孩骑着他那竹马,在室内围着"bed"撒欢,肯定是没有"用武之地"的。

此外，思乡时提及井床，也合乎《静夜思》主题的要求。像明月一样，水井也可以触发对家乡的思念。提及井床，自然等同于说水井。古人村落围井而聚，水井是故乡的重要标志物。成语中有"背井离乡"，俗语中有"美不美，家乡水"，歌曲中有"我的故乡并不美，低矮的草房苦涩的井水"。可见，李白借水井来表达思乡之情，合情合理。

我以前讲《静夜思》这首诗时，曾多次将"床"解释成"井床"，以显示自己的博学。如今看来，似乎也未见得一定如此。如果"床"解释成"bed"便能讲通顺，何必多此一举呢？何况，如果"床"真的是"井床"的话，那么，哪一边儿才算是"床前"呢？井是圆的（或方）的呀！所以，还是算了吧！

说到此，对《静夜思》的解读终于可以告一段落了。你还认为李白这首《静夜思》很简单吗？

2016.1.28　莲花三村

音频版入口

第十二篇

李白认栽

——崔颢《黄鹤楼》与李白《登金陵凤凰台》

昔人已乘黄鹤去，此地空余黄鹤楼。

黄鹤一去不复返，白云千载空悠悠。

晴川历历汉阳树，芳草萋萋鹦鹉洲。

日暮乡关何处是，烟波江上使人愁。

——崔颢《黄鹤楼》

凤凰台上凤凰游，凤去台空江自流。

吴宫花草埋幽径，晋代衣冠成古丘。

三山半落青天外，二水中分白鹭洲。

总为浮云能蔽日，长安不见使人愁。

——李白《登金陵凤凰台》

一

李白心高气傲，似乎从未"摧眉折腰"过。不过，据说他在写诗上却认过栽。元代人辛文房在《唐才子传》中记载了这样一件事：李白登上黄鹤楼，诗兴大发，但最终却未能下笔，悻悻地感叹："眼前有景道不得，崔颢题诗在上头。""崔颢题诗"是指至今仍脍炙人口的《黄鹤楼》：

> 昔人已乘黄鹤去，此地空余黄鹤楼。
> 黄鹤一去不复返，白云千载空悠悠。
> 晴川历历汉阳树，芳草萋萋鹦鹉洲。
> 日暮乡关何处是，烟波江上使人愁。

用今天的话说，辛文房是一个"段子手"。《唐才子传》这部书有很强的猎奇色彩，专捡诗人们的奇事、趣事、糗事来记载，未必一定真有。当然，记下李白不敢下笔这件糗事，有拉大旗作虎皮的嫌疑，目的是抬高崔颢《黄鹤楼》一诗的地位而已。

据说，李白登黄鹤楼时不敢下笔，事后在金陵（按：今南京）的凤凰台却写了一首《登金陵凤凰台》，其"叫板"的痕迹很浓：

> 凤凰台上凤凰游，凤去台空江自流。
> 吴宫花草埋幽径，晋代衣冠成古丘。
> 三山半落青天外，二水中分白鹭洲。
> 总为浮云能蔽日，长安不见使人愁。

这回好玩了，李白先是服膺，后又与之"叫板"。既然是有意的PK，后人自然免不了打一番笔墨官司。

二

南宋的严羽是"挺崔"派，他说："唐人七言律诗，当以崔颢《黄鹤楼》为第一。"(《沧浪诗话》)

李白的"粉丝"们显然不会同意严羽的评判。南宋末的"挺李"派刘辰翁便认为，李诗"开口雄伟，脱落雕饰……出于崔颢，而时胜之"。(《唐诗品汇》)

俗话说"武无第二，文无第一"。《唐宋诗醇》便认为两诗都是"走心"的作品，"胜境各擅"，不分伯仲。两诗的确都很好。不过，这样说也让人感到有点儿无聊，就像问孩子"奶奶好还是姥姥好"一样。孩子碍于面子，会说"都好"，但其内心的真实想法，肯定有"奶奶更好"或"姥姥更好"的分别。

而"文无第一"的另一层含义，就是读者有自己的评论权，喜欢谁，谁就是第一。我不揣浅陋，想在解读两诗的过程中谈谈自己的看法。不过需声明，既然是PK，难免吹毛求疵和意气用事，万望读者诸君谅解。

三

两诗都是登临诗。

崔颢登临仙人子安曾来过的黄鹤楼，思接千载，望着白云、江水、树木、芳草，抒发了思念家乡的愁情。李白登临象征祥瑞的凤凰曾来过的凤凰台，思接千载，望着坟丘、远山、浮云、沙洲，抒发了忧谗畏讥、不被重用的愁情。

两诗的结构完全一致。

第一、二联：虚写历史之思；第三联：实写眼前之景；第四联：抒发登临之情。

两诗都以大开大合而成篇。但崔诗一气浑成的面貌之下，诗句内在勾连的绵密性上，似更胜一筹。

先从写景一联入手。崔诗"晴川历历汉阳树"一句，写天气晴好，平川盈视，对岸汉阳之树清晰如在目前。上句的悠悠白云，既是仙人飞升①和思接千载的凭借，又开启了下句天气晴好的描写。诗人舒目远眺，由白云而徐徐落下眼光，晴川在前，草树在目。两联之间转合极妙，完全不着痕迹！

"芳草萋萋鹦鹉洲"一句，写江上鹦鹉洲芳草茂盛。这句看似实写眼前之景，实则暗藏典故，逗引下联。《楚辞·招隐士》说："王孙游兮不归，春草生兮萋萋。"可见，"芳草萋萋"蕴含着离恨与思归之情。如此，第四联的"日暮乡关"之情的抒发，便水到渠成了。

相同位置上的李诗"三山半落青天外"一句，便与第一、二联没有太多联系了，转换显得突兀了些。当然，这句与尾联还是有勾连的。三山若隐若现，势必是因云遮雾绕。但"二水中分白鹭洲"一句，似乎除与"三山半落青天外"对仗工整之外，似是闲笔一句了。

以上分析并不是有意将两诗肢解开来。但既然两诗都是律诗，自然要比比起承转合的功夫。再者，既然是两诗PK，就诗论诗，也没有必要为古人讳饰。

---

① "昔人已乘黄鹤去"一句，原诗作"乘白云"，明代人改为"乘黄鹤"。《庄子·天地》："乘彼白云，游于帝乡。"

四

两诗都善用"有"与"无"、"今"与"昔"的对比,来增强诗歌的张力。但李诗诗境稍窄,崔诗则"宽然有余"(谭友夏语,转引自周容《春酒堂诗话》)。

凤凰台上凤凰游——

凤为祥瑞,有凤来仪,王朝兴盛。

凤去台空江自流——

凤去台空,繁华不再,唯有长江水兀自东流。

吴宫花草埋幽径,晋代衣冠成古丘——

六代繁华,煊赫人物,烟消云散。只留下幽幽小径供后人徜徉,累累坟丘供后人凭吊。

李诗这四句舒卷自如,深沉厚重,但还不能称之为千古绝调。请看崔颢的这四句:

昔人已乘黄鹤去,此地空余黄鹤楼。
黄鹤一去不复返,白云千载空悠悠。

不必解说,一读便觉齿颊生风。那么顺,那么自然,那么流利鲜活。李诗开篇说"凤凰台上凤凰游",是平铺直叙地说某地有某物,略显死板;而"昔人已乘黄鹤去",开局便有故事,完全像优秀小说余音袅袅的结尾!同样的道理,诗歌的结尾——"烟波江上使人愁"——也给人缥缈之感。这一头一尾,将整首诗托到了云端。崔诗成了悬浮在空中的艺术品,空灵又潇洒。正如前人所说:"崔诗飘然不群,若仙人行空,趾

不履地。"(俞陛云《诗境浅说》)

相较而言,李诗则拘谨了不少。说得客气点,便是"若论作法,则崔之妙在凌驾,李之妙在安顿"(赵臣瑗《山满楼笺注唐诗七言律》)。

说到崔诗"若仙人行空"这一特点,还应提到"白云千载空悠悠"一句。白云悠悠,本是平凡之句。但"千载"二字的嵌入,时空悠远之感顿时袭来。悠悠白云,是诗人穿越了千年来与之对视,还是白云千年之后仍在等待诗人?此可谓思接千载,视通万里,浑然不似在人间![1]

平心而论,李诗尾联"总为浮云能蔽日"一句也很不错。"浮云蔽日"隐喻奸邪小人谗害贤良。[2]李白的逐臣之愁,因有"总为"二字的加入,使其突破了一己小我的局限,将哀愁推向深远的历史——一个王朝的衰落总与奸臣误国相关联!再推论下去:六代繁华归于泥土,原因何在?昨日的六代岂不就是明日的大唐!

两诗一个写思念故乡,一个写忧谗畏讥,有人竟"政治挂帅",说李诗更胜一筹。明初人瞿佑说:"爱君忧国之意,远过乡关之念。"(《归田诗话》)当然,此观点不值一驳,情感岂有高低贵贱之分?

不过,可能对今天的人来说,"乡关之念"应该更能引起普遍的共鸣。我问过不少人,会背崔颢《黄鹤楼》的,明显要多于李白《登金陵凤凰台》的。

综上,我是"挺崔"派。

---

[1] 当然,这样的写法在唐人诗句中并不罕见。杜甫"玉垒浮云变古今"(《登楼》)一句便可作如是观。

[2] 陆贾《新语·辨惑》:"邪臣之蔽贤,犹浮云之鄣(按:同'障')日月也。"

五

李白还写过《鹦鹉洲》一诗,与《黄鹤楼》也很相似,这里就不再讨论了。原诗如下:

鹦鹉来过吴江水,江上洲传鹦鹉名。
鹦鹉西飞陇山去,芳洲之树何青青。
烟开兰叶香风暖,岸夹桃花锦浪生。
迁客此时徒极目,长洲孤月向谁明。

2016.2.14

音频版入口

第十三篇
跟孩子说不清的唐诗
——王之涣《凉州词》

黄河远上白云间,一片孤城万仞山。

羌笛何须怨杨柳,春风不度玉门关。

——王之涣《凉州词》

一

近日,上小学一年级的儿子要"古诗通关"。老师选定了三十首古诗,六首为一关,每日验查背诵一关。我这个当高中语文老师的爸爸,负责放学后督促他背诵。孰不料,我大感挫败,被王之涣的《凉州词》难住。这首唐诗耳熟能详,简单得很啊!可儿子背了半天,过一会儿再提问,还是磕磕绊绊。我急了,威胁他背不下来将削减玩电子游戏的时长。儿子伤心了,泪眼婆娑,如念经般嘟嘟囔囔地继续背,却依然无果。

无奈,我提示他不要硬记,要找韵律。哭笑不得的是,这首诗与他同时背诵的诗完全可以"无缝"组合,且"朗朗上口"——

> 黄河远上白云间，一行白鹭上青天。
> 两岸猿声啼不住，夜半钟声到客船。

白云——青天——两岸——客船。如此组合，逻辑上也说得过去呀！我疯了。

作为一名语文老师，职业和专业都不能容许我轻言放弃，所以又试图让他根据诗的内容来背，于是便有了下面的对话：

爸爸：黄河向远方延伸，直接白云。

儿子：（似懂非懂）嗯。

爸爸："一片"，是不是理解为"一片儿"更好？用来形容孤城之单薄、孤独。你想，小小的，薄薄的，"一片儿"饼干的那种感觉。对，"一片儿"叶子也可以。

儿子："一片"。老师说是"一片"，你说的不对。

爸爸：好，那咱们就说"一片"。一片辽阔的旷野，或者一片大戈壁上，四外是高高的山，中间有座孤城，想想是什么感觉？

儿子：我不知道"孤城"的意思。

爸爸：孤城，孤零零的城，城是那种有围墙的城。

儿子：还是不懂。

爸爸：好，我们看后两句吧。羌笛，是外族的一种笛子。杨柳，就是柳树。

儿子：不明白。

爸爸：杨柳也是一首曲子，叫《折杨柳》。

儿子：不明白。

爸爸：这句话，我们跳过去吧！春风吹不到玉门关，所以杨柳就不绿了。就是没有二月春风，柳叶就裁不出，就不绿了。

儿子：嗯。

爸爸：这首诗不太好懂，没关系。我们再背一遍吧！

儿子：我不喜欢唐诗。

爸爸：呃……

二

一个号称教语文的爸爸，竟把《凉州词》给儿子讲成这样，我深感惭愧。儿子最后一句"我不喜欢唐诗"，让我感到恐慌，觉得自己"罪大恶极"。

问题是不是出在七岁孩子的理解力上？

我决定在高一课堂（学生年龄十五六岁）讲一遍《凉州词》，以验证之。我先认真备课，以最笨的方法去一遍一遍地念诗，边念边理解。之后，再查阅眼界所及的资料来佐证。学生这边，让他们先以"情景还原"的方式，将这首诗改写为现代文，再于课堂上讨论。下面是学生的"情景还原"，以及我的补充。

（甲）黄河远上白云间

这句话理解起来难度不大，大约三分之一的学生理解基本合理。如：

望黄河尽头，远远地没在了白云之间。

理解有偏差的也不少，如：

望向黄河，它向远方奔流到海，仿佛尽头是那天边的白云。

玉门关距离黄河入海十万八千里，如非明言想象，怎能望到其入海？

再如：

> 追溯黄河从哪来，一直追溯到白云之间。

这是李白《将进酒》看多了，脑补了"黄河之水天上来"。再如：

> 黄河从天边的白云之间奔流而下。

方向搞错了，原诗的视线，是由此及彼的，非以由彼及此。再如：

> 黄河又长又远，像是直冲上了天，与白云混成一片。

黄河在极远与白云相接处，还能否感到其"冲"？这句诗应描绘了一幅静态图景。大河奔流于极远之天边，则呈静态，类似"澄江静如练"（谢朓《晚登三山还望京邑》）之感。景色雄浑阔大，很有画面感。下面这个理解最好：

> 我独自一人登上城楼，驻足远眺，黄河连绵流长如丝带般直上云间。

（乙）一片孤城万仞山

这一句理解起来就有些困难了，我没有料到对"万仞山"的理解，竟接连有学生出问题，如：

> 这一片孤城被万座像刀刃一样锋利的山峰隔开，如此孤独。
>
> 陪伴着远方孤城的，只有刺破苍穹的巍巍雪山。

显然，这是将"仞"理解为"刃"了。有的虽然认识到"仞"是长度单位，但诗意的理解显得无理至极，如：

> 一座孤城坐落在黄河边上，孤城里有一个很高的山。

城中有一座很高的山？真是有创意啊！

前面与儿子对话中提到的"一片"的问题又来了。

学生们或者不翻译，或者干脆忽略，或者错误理解为"众城"。不必说，"一片"理解为"一大片"——众城，与原诗作"孤城"有逻辑矛盾的。不过，将"一片"理解为"一座"是最多的。但学生都没有写出，用"一片"来修饰"孤城",更见其单薄、萧瑟之意。

另外,学生还有这样的理解:

目光所及之处皆为一片荒凉景象,人烟稀少,处处荒凉。

我没有去过西北,所以请教了生于西北和去过玉门关的同事。他们说,踏上那片土地,视野毫无遮拦,放眼望去,城也好,山也好,历历都在目前。若如此,"一片"便可以不修饰"孤城"。说一片广阔无垠的戈壁岂不也可?四外群山万仞,一片空荡荡的视野中,有一座孤城,萧条肃杀至极。又或者,"一片"跳过"孤城"来形容"万仞山",这样的组合也似乎未为不可,诗的语言本就是跳跃的呀!

(丙)羌笛何须怨杨柳

这是最难的一句了。我教儿子时干脆跳过去没讲,十五六岁的高中生的理解力又如何呢?有学生说:

何必用羌笛吹奏那首《怨杨柳》呢?

这个学生知道"杨柳"指一支曲子,惜其不够准确。再者,将"怨"字给放到曲名中,等于丢失了"怨"字存在的意义。班里四十五个学生中,只有一人写对了曲名:

依稀可听见远方悠悠的羌笛声,吹的好像是《折杨柳》。

《折杨柳》是唐代非常流行的表达思乡怀人的曲子。李白《春夜洛城闻笛》说:

谁家玉笛暗飞声,散入春风满洛城。
此夜曲中闻《折柳》,何人不起故园情。

对"杨柳"还有其他的理解:

耳边飘来萧瑟幽怨的羌笛声，你又何苦折柳送别呢？

提到"折柳送别"，很不容易。梁元帝萧绎《折杨柳》说：

> 巫山巫峡长，垂柳复垂杨。
> 同心且同折，故人怀故乡。

不过，《凉州词》里所写却是柳不堪折，无柳可折。周珽说："怪笛空闻春光不到，无容可怨之处，思调奇绝，巧夺天工。"（《删补唐诗选脉笺释会通评林》引）连离别相思之意都无处安放，这是郁闷上更加郁闷的一种表达。

有意思的是，上面这个学生的理解，将"怨"字理解为形容笛声的了。换言之，拆原句变成了两个句子——"羌笛怨"+"杨柳"。

很少有学生将"怨"字理解为动词，所以出现了这样的困惑：

羌笛为什么要怨杨柳呢？不知道。

"羌笛——怨——杨柳"。如将这句的结构理解为主谓宾结构，能否解释得通呢？有学生这样说：

守关的将士们何须怨那家乡低垂飘荡着枝条的杨柳？

城中吹起悠扬悲凄的羌笛，何苦忆起中原家乡的杨柳呢？

这两条理解明显将诗意进行延伸了。虽未明言，二人大概隐隐想到了《诗经》中"昔我往矣，杨柳依依"（《诗经·小雅·采薇》）这样表达征戍、离别的诗句了。

不过，几乎所有的学生都忽略掉了句中"何须"两字。这一点我们先按下不说。

（丁）春风不度玉门关

这句是最容易理解的一句。虽然也有这样的理解：

因为夏季风（湿润的季风）吹不到玉门关以西，杨柳无法生长。

毫无诗意的理解，令人发指！

像王之涣《登鹳雀楼》尾句"更上一层楼"一样，"春风不度玉门关"也可引发出一层盛唐诗并不常见的哲思。大约有七分之一的学生写出了这句诗的"深层"含义，如这三句：

好消息从不曾传到玉门关这边。

如春风般令人愉悦的捷报还迟迟未传来这荒凉的边戍之地。

这遥远的边塞何时才能得到皇上的重视呢？

前人评诗便有此论。杨慎说："此诗言恩泽不及于边塞，所谓君门远于万里也。"（《绝句衍义笺注》，又作焦竑评）

三

所有的学生都将这首诗理解为哀怨之诗。这样的理解没有问题。不过，"何须"二字还是要引起足够的关注。

"何须"：何必；"何须怨"：不必怨。这"不必"是在表达愤然无奈，还是豁达豪爽？如是愤然无奈，则因为苦寒绝地，无生还之可能；如是豁达豪爽，则因为边塞亦为保家卫国之地、建功立业之所。

刘学锴先生说得好：

诗的前两句，描绘了一种既壮阔又辽远，又荒寒萧索的境界。……盛唐诗人不但将荒寒辽阔的边塞诗诗化了，而且把战争中的牺牲也诗化了："醉卧沙场君莫笑，古来征战几人回？"这神情口吻跟"羌笛何须怨杨柳,春风不度玉门关"何其神似!一个是"君莫笑",一个是"何须怨";一个是"古来征战几人回",一个是"春风不度玉门关",都是用豁达的态度面对荒寒艰苦或壮烈牺牲。这并不是故作豪爽,盛唐诗人往往就是用这种审美态度对待边塞的荒寒和牺牲的。只有真正理解盛唐时代和盛唐诗人的主流审美心态,才能真正理解《凉州词》这类诗。

——刘学锴《唐诗选注评鉴》

王之涣的墓志铭也可证明其为人、为诗的风格:

惟公孝闻于家,义闻于友,慷慨有大略,倜傥有异才。尝或歌从军,吟《出塞》(按:王之涣《凉州词》在《唐诗纪事》中便题作《出塞》),皦兮极关山明月之思,萧兮得易水寒风之声。传乎乐章,布在人口。

——靳能《唐故文安郡文安县太原王府君墓志铭并序》

"黄河远上白云间"这句的确"描绘了一种既壮阔又辽远"的境界。不过,这句诗的早期版本写作"黄沙远上白云间",著名的"旗亭画壁"便是这个版本(唐薛用弱《集异记》卷二)。"沙"写作"河",是形近而误。因为,玉门关与黄河最近处也有一千公里之遥。如果原诗作"黄沙远(按:一作'直')上白云间",那这诗的"境界"就非壮阔辽远,而是穷恶荒寒了。如此,整首诗的情绪似乎便更低落一些了。

当然,无论是哪个版本,由于第三句"羌笛何须怨杨柳"的存在,这短短的二十八个字有了一种多元赏玩的意味。正如宋人严羽所说:

盛唐诸人惟在兴趣,羚羊挂角,无迹可求。故其妙处,透澈玲珑,不可凑泊，如空中之音，相中之色，水中之影，镜中之象，言有尽而意无穷。

——严羽《沧浪诗话·诗辨》

说到此处，我这个当高中语文老师的爸爸已深感无力，无法向七岁的儿子说清楚这首《凉州词》了。

四

儿子喜欢游戏"植物大战僵尸"，于是乎我便买了这个游戏的衍生纸质读物——《植物大战僵尸2：唐诗漫画》。第五分册中有《凉州词》。我们来看看这书是怎样将《凉州词》讲给孩子的。

变身茄子（按：一个漫画形象）偷了一个仿制的大提琴，想嫁祸给坚果（按：一个漫画形象），于是两人展开了对话：

坚果：你为什么要一个人在山上拉大提琴啊？

变身茄子：我在担负保家卫国的责任啊！镇长让我一个人在这里遥远的地方，看看有没有僵尸来偷袭我们植物镇。可是我望啊望，就想到了唐代王之涣的一首诗，正符合我现在的心情，于是就用大提琴拉起了悲伤的曲子。

坚果：什么诗啊？念给我听听。

变身茄子：黄河远上白云间，一片孤城万仞山。羌笛何须怨杨柳，春风不度玉门关。

坚果：好像是有一点儿。你的大提琴拉得那么难听，连鸟儿都不来陪你。

变身茄子：那你能不能代替我在这里守一天？我实在太想念镇子的大家伙了。

坚果：就一天的话，应该——

变身茄子：好，那就多谢你了！大提琴也拜托你好好保管了。

这个故事，把《凉州词》的主要事件和情感都讲了。给儿童看的漫画必须通俗，所以作者将"羌笛"换成了"大提琴"。对于孩子来讲，漫画更重要的是还要"爆笑"。所以，接下来剧情便"翻转"了，出现了另外两个角色：倭瓜和火炬树桩。

倭瓜：偷了大提琴的小贼，快出来吧！

坚果：怎么是你们？

火炬树桩：（对坚果说）你是小偷？这屋里都是蜘蛛网，哪儿像住人的地方啊！就不会动脑子啊！

坚果：我……被骗了嘛……

看着儿子津津有味地看着这套唐诗漫画书，我茫茫然不知如何是好了。

2017.5.30

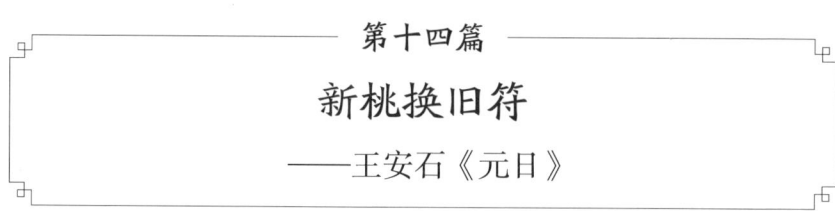

第十四篇
新桃换旧符
——王安石《元日》

爆竹声中一岁除,春风送暖入屠苏。

千门万户曈曈日,总把新桃换旧符。

——王安石《元日》

一

寒假伊始,我给上小学二年级的儿子买了一本《小学生必备古诗词75篇》,作为他寒假语文学习的资料,隔几天让他抄一首背下来。他选择的第一首诗就是王安石的《元日》:

爆竹声中一岁除,春风送暖入屠苏。

千门万户曈曈日,总把新桃换旧符。

儿子背下此诗几天后的今天,便是元日。

按照家乡的习俗,我和兄弟几人走门串户拜了一大圈年,下午终于闲下来,展开纸,抄录下这首《元日》。丢人的是,为了精准书写,我竟需掏出手机搜出这首诗来抄——"春风送暖入屠苏""千门万户曈曈日"这两句还真记得有些含糊。蘸了墨写完第一句时，儿子跑来问我，爸爸你在做什么，我说抄诗。他对毛笔很好奇，问他可不可以也试试。这当然是求之不得的事。他用握铅笔的指法认真地捏着毛笔，不移时便抄完了，虽然涂抹了其中的一个字。我说，你写得很好，他很高兴。接下来有如此对话——

爸爸：你知道"元日"是什么意思吗？

儿子：不知道。

爸爸：元日就是今天，正月初一。过年要放鞭炮，这就是"爆竹声中一岁除"。"屠苏"是一种酒，据说喝了会辟邪。"春风送暖"，你感觉到了吗？

儿子：我觉得还挺冷的。

爸爸：咱们这是东北，不是王安石诗中所写的那些地方。"七九河开河不开，八九雁来雁不来"，说的就是咱们东北。

儿子：嗯。

爸爸："千门万户"啊……

儿子：很多人。

爸爸：对，都在明亮的太阳下。"新桃换旧符"就是"新桃符"换了"旧桃符"，你看咱们不是也贴了新的春联了嘛！王安石是宋朝人，他那时候，在桃木板上画了图案或写了字，挂起来辟邪，后来就发展成了今天的春联。

儿子：我知道，"年"是一种怪兽，他怕红色，所以春联是红的。

爸爸：对，"年"还怕声音，所以放鞭炮吓跑它。

儿子：爸爸，应该是"旧桃换新符"吧？因为要把旧桃符换成新桃符啊！

爸爸："新桃换旧符"意思是说，用新桃符换掉旧桃符，王安石这样说也是可以的。

儿子说了句口头禅——"好的"，愉悦地跑开了。

二

儿子抄诗时很享受，谈诗时也没有烦躁，我很高兴，转而却陷入了沉思。

为何我竟对《元日》中的二、三句记得不清楚呢？

想来想去，理由大概是如下两点：

第一，概念生僻。除非查资料，否则我不能准确说出"屠苏""瞳瞳日""新桃""旧符"的意思，这些都影响记忆。

第二，感性地说，我不大喜欢这首诗。

《小学生必备古诗词75篇》里选了三首王安石的诗，另外两首是《泊船瓜洲》和《书湖阴先生壁》。前者有那个千古传诵的"春风又绿江南岸"的炼字故事，后者有"两山排闼送青来"这样的警句，我都挺喜欢的，尤其喜欢后者。当然，说起王安石的诗，我更喜欢他的《谢公墩》：

我名公字偶然同，我屋公墩在眼中。

公去我来墩属我，不应墩姓尚随公。

这个拗相公竟也有幽默的时候！跟李白都让三分的谢安"争风吃醋"，王安石还真是个自信超人。

王安石作诗，喜欢与众不同。我还喜欢他的《登飞来峰》：

> 飞来山上千寻塔，闻说鸡鸣见日升。
> 不畏浮云遮望眼，自缘身在最高层。

与叽叽歪歪地怨恨举世皆浊的诗人相比，王安石是何等气魄与为政能力！他认为，登高便可望远，外界因素都是浮云，做好自己，还怕什么外界干扰！

连他情绪略显低落的"翻案"怀古诗，读来也让人深以为然，比如《明妃曲》中的几句：

> 意态由来画不成，当时枉杀毛延寿。
>
> ——王安石《明妃曲》其一
>
> 君不见咫尺长门闭阿娇，人生失意无南北。
>
> ——王安石《明妃曲》其一
>
> 汉恩自浅胡恩深，人生乐在相知心。
>
> ——王安石《明妃曲》其二

明辨又深情的人！难怪他首先是实干家，其次才是诗人。

三

相较刚刚提到的几首王安石的诗,我为什么不喜欢《元日》呢?

马齿徒增,我觉得此诗太简单了,不过就是写了爆竹、喝酒、换桃符几件事,一片喜悦,诗境较浅(当然,此诗尾句亦有哲理存焉)。相反,作为孩子,则不会喜欢深沉的诗。即便喜欢像绕口令一样的《谢公墩》,也绝难喜欢《明妃曲》。

所以,变的不是诗,而是读诗的人。如果现如今让我选读关于春节的诗,我会喜欢以下几首的味道:

人家除夕正忙时,我自挑灯拣旧诗。
莫笑书生太迂腐,一年功事是文词。

——文徵明《除夕》

如果是儿时,我就如不相信苏轼所谓"问汝平生功业,黄州惠州儋州"那样,自然也不会相信文徵明说的话,一个人一年的"功事"竟是文词?哪有的事!

假如再过数年,我鬓已星星,大概会喜欢这首喜庆格调的:

萧疏白发不盈颠,守岁围炉竟废眠。
剪烛催干消夜酒,倾囊分遍买春钱。
听烧爆竹童心在,看换桃符老兴偏。
鼓角梅花添一部,五更欢笑拜新年。

——孔尚任《甲午元旦》

四

孩子时，过年是高兴的，老了后，看着孩子们回家过年，也是高兴的。只有青年人尤其是中年人，过年不高兴，抱怨年味淡了，说过年没意思。

为何？

过年相关的礼俗，已经不是我们的关注点了。大龄男女愁回家被逼婚，中年男子愁功业未就，中年女子愁芳华渐逝……

我小学时，只有考了第一名，才能在过年时获得一块钱一包（100响）的小鞭炮，放完了还要收集未燃放的，剥出火药再点燃变成"呲花"玩。初中时，注意形象了，过年希望获得一件新衣服，即便是一件薄外套，也要在寒风中穿出去四处显摆。高中时，盼着过年那几天早点到来，可以名正言顺地不复习功课。一句话，一个人如果认为过年是"福利"，便盼着过年。

大学时不盼着过年了，每逢佳节倍思女友，恨不得把年早点过完，好去相会。工作后，更不愿意过年了，甚至觉得父亲热衷于贴春联、放鞭炮都是多此一举，何必这样认真，麻烦！现在，年啊一年又一年地过去了，四十岁就要到来，惶恐得很。岑参说："丈夫三十不富贵，安能终日守笔砚？"（《银山碛西馆》）这三十岁都过了快十年了，我还在守笔砚，且尚未守好。这次第，怎一个烦字了得！

五

之前我很疑惑，自己小时候那么喜欢鞭炮，为什么儿子却不喜欢呢？放烟花尚好，一听到鞭炮声他就异常紧张。今天，我有点想明白了，我小时候没有接受过什么安全教育，甚至曾经被鞭炮烧光了眉毛。而我和妻子总对儿子强调安全问题，所以他对各种"危险"的戒备心都很强。

过几天街上就有大秧歌了。我能猜到，儿子也未必会感兴趣。而我小时候，虽然买不起大秧歌边上货郎那专门逗引小孩子而高声售卖的糖葫芦、拐杖形的膨化玉米还有更昂贵的芝麻糖，却几乎从正月初三到十六这十几天里，一直追着大秧歌的队伍跑，纵使他们每天的演出没有任何变化。一个月前，我们一家三口刚刚看过了加拿大"太阳马戏团"精彩绝伦的表演，儿子又怎么会喜欢在寒风中去看那近于拙劣的大秧歌呢！

不过有一件事我是确定的，儿子应该是喜欢过年的。他可以几乎不受制约地去吃糖果、喝饮料（因为他爷爷奶奶认为这样没问题）；他还可以不遵守之前的约定而长时间看视频（成人们一直抱着手机，哪里有单单不许他看的道理）；他还可以得到压岁钱，虽然只能得到"提成"，那也有几百上千块的收入。他一直把钱攥在手里数啊数，盘算着如何一个花法。

六

年味未必真的淡了。觉得淡了，是因为我们"换"了。我们由孩童"换"作了成人。这是事实，更是无奈。如果我们平时心里装的都是功名富贵（当然，这无可厚非），那这过年的确没有什么吸引力，甚至会感到麻烦无比。

大概等我们老了,年味会回来一些。记得父亲中年时买的春联,多是"走鸿运""发大财"一类的文词儿,今年的春联却换成了"家好人好运气好"这样的内容了。可能他都没有觉察到,他自己的关注点已在悄然变化。

戊戌年元日凌晨,父亲就在我身旁

2018.2.16

音频版入口

第十五篇
对月怀远
——苏轼《水调歌头》（明月几时有）

丙辰中秋，欢饮达旦，大醉，作此篇，兼怀子由。

明月几时有？把酒问青天。
不知天上宫阙，今夕是何年？
我欲乘风归去，又恐琼楼玉宇，高处不胜寒。
起舞弄清影，何似在人间。

转朱阁，低绮户，照无眠。
不应有恨，何事长向别时圆？
人有悲欢离合，月有阴晴圆缺，此事古难全。
但愿人长久，千里共婵娟。

——苏轼《水调歌头》（明月几时有）

一

写对月怀远的诗词，大概以苏轼这首《水调歌头》（明月几时有）

最为有名，如今又因其选入中学语文教材，流传更广。

既然如此，我也不必饶舌，索性简单处理，不揣浅陋将其语译如下：

丙辰中秋佳节，我苏轼喝了个痛快，大醉提笔，遂成此篇。亲爱的弟弟，此刻，我特别想你。

今晚

我必须停杯一问

青天上的明月

你，从何时开始

注视人间

不知你那里今夕何夕

可也如人间这样

令人焦虑

我决定回去看看

羽化登仙

凭虚御风

飞向琼楼玉宇

可是广寒寂寥

我那滚烫胸膛

也不能焐热你

不如返回人间

朝廷仕途——

我本牵挂

美酒佳肴——

我更贪恋

只是弟弟不在身边

不如

你从云汉飞来做客

踏着舞步

我影你

咱们三人一起舞蹈

一起凌乱

不来也罢

何必又搅扰我

绕转朱阁

徘徊绮户

你明晃晃地站在我眼前

我哪里合得上这双醉眼

你也有阴晴圆缺

为何非要在我思念之时

如此圆满

唉

说多了你也听不懂

只想恳请你

不吝啬光华

流照千里之外

> 七载未见的弟弟
> 代我去陪他一晚

不知你发现没有,我语译上片"起舞弄清影"一句时,凭空增加了苏轼对弟弟的思念。实际上,苏轼此词以抒发自己怀抱为主,对弟弟苏辙也只是"兼怀"而已。

写这首词时,苏轼在山东密州任上。之前京师风波未静,他不得已自求外放,到地方上任官。处江湖之远,仍心系庙堂之高。这种心态反映在苏轼的诗文上,便呈现出一种"思绪杂糅"的特点。如他写主题为"无所往而不乐"的《超然台记》,却不忘"慨然太息,思淮阴(按:指汉初名将韩信)之功";写驰骋畋猎的《江城子·密州出猎》,最后还是要添上"西北望,射天狼",游乐之时,对功业仍念念不忘。

所以,如果苛刻一些,只谈对《水调歌头》的喜恶,我觉得这首对月怀远之词,内容不够纯粹,情思不够饱满,不甚能打动我(当然,这并不是说苏轼写不出打动人的作品)。

二

对月怀人之诗文,摇荡人之性情的佳作颇多。

比如,这篇高古:

> 美人迈兮音尘阙,隔千里兮共明月。
> 临风叹兮将焉歇,川路长兮不可越。
>
> ——谢庄《月赋》(节选)

比如，这首质直：

明月何皎皎，照我罗床帏。

忧愁不能寐，揽衣起徘徊。

客行虽云乐，不如早旋归。

出户独彷徨，愁思当告谁。

引领还入房，泪下沾裳衣。

——《古诗十九首·明月何皎皎》

比如，这首新警：

安寝北堂上，明月入我牖。

照之有余辉，揽之不盈手。

凉风绕曲房，寒蝉鸣高柳。

踟蹰感节物，我行永已久。

游宦会无成，离思难常守。

——陆机《拟明月何皎皎》

比如，这首流畅：

谁家今夜扁舟子，何处相思明月楼？

可怜楼上月徘徊，应照离人妆镜台。

玉户帘中卷不去，捣衣砧上拂还来。

此时相望不相闻，愿逐月华流照君。

　　　　　　——张若虚《春江花月夜》（节选）

比如，这首缠绵：

　　今夜鄜州月，闺中只独看。
　　遥怜小儿女，未解忆长安。
　　香雾云鬟湿，清辉玉臂寒。
　　何时倚虚幌，双照泪痕干。

　　　　　　——杜甫《月夜》

比如，这首深情：

　　嘉陵江曲曲江迟，明月虽同人别离。
　　一宵光景潜相忆，两地阴晴远不知。
　　谁料江边怀我夜，正当池畔望君时。
　　今朝共语方同悔，不解多情先寄诗。

　　　　　　——白居易《江楼月》

我最欣赏的，还是张九龄的这首《望月怀远》：

　　海上生明月，天涯共此时。
　　情人怨遥夜，竟夕起相思。

> 灭烛怜光满，披衣觉露滋。
>
> 不堪盈手赠，还寝梦佳期。

张诗起笔两句，清浑高华，阔大混融，元气升腾。

"情人"两句，从"对面"写起。先写对方思念自己，是杜甫《月夜》、白居易《江楼月》精巧构思所模拟的经典。"情人"一词又语涵多义，不局限于单指"lover"，如此，诗意变得多元。

"灭烛"两句，未必只有凄清。吹灭蜡烛，可独享这份孤独之美。披衣徘徊，露水滋长，"竟夕"相思，一往情深。

"不堪"两句，化用陆机诗意，又有发扬。不堪掬月相赠，遂希冀梦中与之相会。非至情之人，写不出如此痴情之句。

诗歌后六句，词意殷切而不轻佻，语意极尽曲折。

难得的好诗！

三

说完了别人的诗、别人的事，我想说说自己对月怀远的情思。前面语译苏轼《水调歌头》时，我写道：

> 你明晃晃地站在我眼前
>
> 我哪里合得上这双醉眼

这里渗入了我自己的感受。明月搅扰，让人难以入眠，越想睡越睡不着，越睡不着越思念远方的人。

2016年9月14日,我所在的北京四中举行"天下明月白"中秋人文活动,邀我发言,我将自己的心事说与了台下的诸生。

我说,人其实都是活在记忆里的,记忆不仅是过去的经历,更是支撑人前行的动力。

我第一个思念的人,是我的语文老师崔金廷先生。我之所以当语文老师,很主要的一点,就是因为崇拜他。

崔老师宽大粗壮,孔武有力。乌黑浓密的头发,肤色略显黯沉,却更显出他衬衫的雪白。大黑皮鞋永远锃亮,就连最容易蹭脏的鞋底边缘,都见不得有一点土星儿,然而他却又是下班后需要下地干农活、烧柴做饭的男人。

崔老师只在初一时教了我一年语文,我却终身难忘。他小小的眼睛里,充满着文化气息,闪耀着睿智光芒。他讲课潇洒自如,旁征博引,一气贯注。课上,他几乎从不提问,只是滔滔不绝地向我们倾诉着自己的阅读体验和人生经验。直到现在,我也仍不认为一堂好课非要营造热热闹闹的讨论氛围。刻意地去有问有答,未必就一定能收到良好的教学效果。不过,他这样处理教学,是源于其学养与底气。他曾告诉我们,无论多忙多累,自己每天都要坚持读书一小时。即便如今,真能如此的语文老师也是凤毛麟角,更何况那是在二十八年前、一个穷乡僻壤的初中里!

有一次写作文,写雪,我写雪化为污水虽然很丑却滋润了春天,他用潇洒的朱批赞扬我,说我文学素养不错。啊!得到崔老师的表扬,这是多么令人兴奋的事!至今,那个作文本我还保留着。我特别崇拜他,就连他走路摩擦鞋底的毛病都愿意学来,觉得那是崔老师的风范,潇洒至极。

不幸的是，崔老师初二就不教我了，换了一个毫无趣味的女老师。她讲课时总把一只穿着丝袜的脚蹬在桌膛里（彼时讲桌与学生桌一样），地上余着一只鞋子，我们都看得见，不优雅得很。

更不幸的是，在我刚刚高中毕业时，崔老师就因病过世了，他才四十八岁啊。据说他去世得很突然，临走前的几天，还曾起来晨跑。噩耗传来，我很伤心，不能接受他那样高大的身躯，就这样突然跌倒。没有办法，也只有安慰自己：崔老师是想把自己伟岸的身躯、年富力强的形象永远留在我的心中。这，大概就叫不朽吧。

人大概都是这样，越写切近的人和事，笔就越涩，不知说什么、怎么说才好。崔老师去世二十多年了，我没有写过一个字来纪念他。今天提起笔来，还是难以描画他的风神，真让人伤感。

四

我第二个思念的人，自然是母亲。写母亲就更难了，千言万语也表达不清，索性粘贴一篇七年前（2013年）的"下水文"：

永恒的乡愁病患者

前几天和堂兄打电话，他无意间说了一句："我大娘（按：指我的母亲）说，这个儿子算是白养了。"长久以来我最不愿想起却又时时忧心的事，就在这个瞬间占据了我整个世界。

堂兄说完这句话后试图安慰我，说其实你当初离开老家沙海是正确的选择，否则将一辈子窝在那个落后的乡村。这话是我事后努力总结出来的，当时我根本没有听见他都说了什么，满脑子都是母亲说那句话时的表情和心情。

一生操劳的母亲已经六十七岁了，浮肿的眼皮变得更加沉重，原本锐利的眼神也迟钝起来，言语间总是叹气。她说这话时，前面肯定有一声叹息，接着抿一下苍白而微紫的嘴唇，说完后，再盯着眼前的堂兄——她的侄子——一番羡慕。堂兄的工作就在沙海，可以时时守在他父母的身边。想及此处，她会悠悠地望向远方，散乱的眼神不知停靠何处。那是她在想我这个想也想不回来的儿子吧。

沙海镇——建平县——鞍山市——沈阳市——北京市。离家的十八年间，我一步步逃离了母亲的视线，越来越远。说实话，我内心一直不清楚自己这样做的理由。当然，可以排除为了逃离故乡这个理由。因为沙海虽然贫穷，我却从未觉那儿哪里不好，反而每次回去都感到莫名的充实。可能是为了逃离土地？如果我把原因推给农业文明之下产生的科举思维，大概不会离题万里。"朝为田舍郎，暮登天子堂"是寒门子弟的唯一希望——读书都为稻粱谋。从小母亲就教导我要好好读书考大学，不再像她那样匍匐于泥土。我按照她的教诲把书读好了，可带给她的却是寂寞的悲哀。知识致使逃离故乡，这大概是一个个望子成龙的农民母亲始料未及的。

成年之后，我每次回家都帮她干些体力活，母亲在怜惜我的同时，脸上总有说不出的高兴。最让我心酸的，明明已成定局的事她总是唠叨：你要是能在家多好，现在我连赶集都走不动了。我知道，母亲希望我留在身边的原因是养儿防老。我并不认为母亲仅是把我当做防老的工具使用，但也不否认她内心里确实有一种无人养老的恐慌。千百年来中国的农民最苦最累，却没有得到社会应有的回报，没有得到政府应有的赡养，所以他们唯一的希望就是养儿防老。儿子不在，他们便失去了养老的唯一希望，怎能不恐慌？为何西方发达国家的子女没有中国所谓的膝前尽孝？因为社会和政府就是他们的儿子。

把责任推开并不能使我稍有释然，因为我非但没有膝前尽孝，反而时时让她担心，这让我在离开母亲的所有日子里都或明或暗地自责。

古训说：父母在，不远游。我的父母都在，为何还要远游？我为何就不能放下所谓的发展回到他们身边？常常开导自己的理由是为了下一代，我选择留在北京。当然，我还有一个借口——"父母在，不远游"的后半句——"游必有方"。"有方"就是去干正事，不是出去胡闹，不能让父母担忧。白居易因为名字被人揶揄，说什么"长安米贵，居大不易"。可是人家白居易英才天纵，真的"朝为田舍郎，暮登天子堂"了。我来北京却近乎胡闹，留在这个每平米楼价高于年薪的首都里，事事捉襟见肘，却还怀揣着所谓的希望，每天奔波于生存窘境之中。

母亲每次打电话都会说两件事。一是问候身体怎么样，一就是最近出去上课没有。我回答有的时候，她提醒我要注意休息，安慰我虽累点但还是可以赚到钱，挺好；我回答没有的时候，她安慰我没课就落一个好身板，但话语中流露出没有钱赚的失望，因为她深知我目前的经济窘境。所以，我每次电话里都不知如何回答她，支支吾吾，声音微弱，以至于她责怪我打电话总是没话说，像答记者问。

我不知前路如何，眼下只有携着贤惠的妻子和可爱的儿子继续行走。我属于中国自古以来从乡村走向城市的读书人（妄自尊大称自己为读书人吧）的序列，我们都是永恒的乡愁病患者。

这篇小文章是我和学生同时写的，行话叫"下水文"。当时我给学生出的题目叫"瞬间"（话题作文）。

别看是七年前的文章,我如今的心态依然类似于此,总觉得对不起母亲,亏欠她太多。去年,七十四岁的母亲来北京看病,做了脊柱方面的手术。手术不算小,在我这里养了一个多月。每天与母亲同吃同住,我体味到了从未有过的幸福。母亲得病、手术、养病都很痛苦,可我却傻傻地想:她要是一直病着,就好了。

五

我最后一个思念的人,是父亲。

不需讳饰,我对父亲的感情没有母亲深。在我的印象里,他好像从未当面表扬过我。

与语文老师崔金廷先生一样,我的父亲也要在工作之余下地干农活。上高中以前,我还未曾离家去县城念书,偶尔要跟着父亲下地干农活。

二〇〇八年的中秋,还是上面提到的那个"天下明月白"人文活动,我应邀为活动写了一首旧体诗。虽然写得不好,但情真意切,也收录于此:

为人文实验班联中秋句

犹忆数岁前中秋日,余与家父收秋至月出东山,人畜皆以饥肠急于还家。四野茫茫,风吟虫奏,仰卧柴车,宁谧安适。会人文实验班赏月雅事,连兄中国嘱余赋诗。奈何余不通韵律,勉为此不工之诗录旧事以呈之。

风渐萧瑟露渐浓,田无立株人无声。

老父抱鞭寒驴怒,稚子卧车数七星。

草虫抚琴萤翩舞，枯禾作床月为灯。

年少不谙柴米事，老大徒起故园情。

［自注］怒：发奋。

其实，诗中所写，有美化的成分。此刻，再回忆当初，未必只有"宁谧安适"一种感觉。明月转过黑得瘆人的斑驳树影，升在靛青的天空中，田野里没有一丝节日的气氛，白露寒凉，凄凄清清。父亲平时就不善言谈，劳作到了这秋夜七八点钟的光景，更沉默了。他忍着饥肠、疲惫，仍在坚持不辍。明天他还要去上班，所以没有理由不贪黑把农活干完。

很长一段时间里，我一直觉得父亲并无过人的才能。随着岁月的消磨，我却逐渐体会到，父亲向我示范了一种珍贵的品质——坚韧。这种品质，千金不换。

如今，父亲终于闲下来，执着甚至执拗地重拾年轻时的梦想——成为一名水墨山水画家。他学习，模仿，创作，焚膏继晷，一刻不停。天天画，月月画，年年画。他似乎觉得，自己仍是翩翩少年。这种心态，千金不换。

我希望，我的儿子，将来也像我一样，钦佩自己的父亲。

2020.2.25

音频版入口

第十六篇

仰天长啸千里梦

——岳飞《满江红》(怒发冲冠)

怒发冲冠,凭栏处、潇潇雨歇。

抬望眼,仰天长啸,壮怀激烈。

三十功名尘与土,八千里路云和月。

莫等闲、白了少年头,空悲切。

靖康耻,犹未雪。

臣子恨,何时灭。

驾长车,踏破贺兰山缺。

壮志饥餐胡虏肉,笑谈渴饮匈奴血。

待从头、收拾旧山河,朝天阙。

——岳飞《满江红》(怒发冲冠)

一

大概三十年前的一个春天,我十来岁,随着一大家子人去南山种地。那时祖父还健在,他扶犁开垄于后,我牵引拉犁的牲口于前。那匹平时拉惯了大车的黄骠子，甩开轻松的步伐，雄姿英发。与其说我牵着它，倒不如说它在一直拖着我跑。脚下的田地，一半已被犁开，松软到陷脚，还未被犁开那一半，坚硬到硌脚，偶尔还要躲避残留在地里、直立如刀的苞米茬子，我走得歪歪斜斜。在地头换垄时，黄骠子暂时没有了负担，又见到春草，总想盘桓有所得再走，突突突地打着响鼻。祖父很沉默，偶尔对不听话的黄骠子大声呵斥，用的词汇与骂人无异。他一骂黄骠子，我也跟着害怕，黄骠子的铁蹄（真的是挂了铁马掌的铁蹄）总像是要踩到我的脚，触目惊心。这样无聊又可怕的农活，干上一会儿，我就借口去尿尿，跑到地头的深沟里猫着不回来，玩。

沟里没有风，天气好得很。斜倚在崖壁上，我闭会儿眼，太阳晒在脸上，温暖舒适。草木味略带些甜，像是水果糖吃完不久残存在舌头上那种淡淡的味道，若有若无。远处飘来的新翻泥土味，略带些腥，幽幽地浮动。噗噜噗噜，偶尔飞来一只喜鹊，停落在矮松上，我扔过去一个石块，它就先嘎嘎叫上几声，又一展翅膀，噗噜噗噜地吓跑了。麻雀总是成群停在树上，被我"嘿"的一声吓唬，"腾"的一声，集体逃跑，瞬间无影无踪。

过一会儿无聊了，我就从衣兜里掏出小纸条，开始背诵。那张纸条上所写的，就是岳飞的这首《满江红》。这并不是学校的作业，完全是我自愿。甚至为了求大姐帮我抄诗，还磨了她好久。没过多久，我就背下来了。后来才觉察，此时大人们已经喊我回家了。

太阳已经下山很久了，我随着疲惫的大人们一起回家，路上显摆我的成果，背诵《满江红》给父亲听。镗镗镗镗，我就背下来了。父亲却问："笑谈渴饮"什么血？我说"匈好血"啊。什么"匈好血"啊，净胡说！是"匈奴血"，瞎背！我有些脸红，骄傲受到伤害，遂沉默不语。

青虚虚的夜色里,只有铁犁拖地的呲啦呲啦声和一行人沉重的脚步声。大概他们都没有心情听我背诗,何况还背错了。

回到家里,对着蜡烛我又仔细看了一遍《满江红》原文。原来是大姐"奴"字写了连笔,而当时我又不知道"匈奴"为何物,所以才误认"奴"为"好",出了笑话。

二

岳飞这首《满江红》是我最早主动背诵下来的一首宋词。

在好多文章中,我都提到过与岳飞的"瓜葛"。小时候家里没有电视,只有一台红灯牌收音机。收音机整块砖大小,比砖还略厚。正面黑色,左三分之一是喇叭,中间是波段显示,最右两个旋钮,上面的调节波段,下面的调节音量。我就是靠这个宝贝了解岳飞的。

每到中午和傍晚,我和四姐就蹲在收音机前等着听刘兰芳讲的评书《岳飞传》,从不耽误。遇上极特殊情况,落下一回,便失魂落魄、抓耳挠腮。所以,直到如今,评书中很多回目我还能脱口而出——枪挑小梁王、大闹武科场、泥马渡康王、岳母刺字、醉打摩利支、牛头山救驾、枪挑铁滑车、锤震金禅子、王佐断臂巧收陆文龙、风波亭、笑死牛皋、气死金兀术……还能脱口说出其经典台词——"小南蛮,不要走了,再往前走,开弓放箭了"。说这些话时,需要学着用"老外"的腔调,硬着舌头,刘兰芳就是这样学"番邦外国"人说话的。

我痴迷于岳飞的故事,只要有评书听,可以不吃饭不睡觉,背诵《满江红》的动力就源于此。不过很遗憾,虽然我能流利地背下这首词,也知道了正确的"版本"是"匈奴"不是"匈好",可却没有再深究下去,甚至连"匈奴"是什么意思也不甚了然。

三

从小到大,我所学的语文教材中,都没有收录岳飞的《满江红》,以至于大些后,甚至都开始教书了,我都没有仔细思量过这首词作。一直以来,就是觉得这首词写得好,气势磅礴,深沉悲慨。对,就是好,是我心中大英雄写的,不用思量,必须好!正如清人陈廷焯所说:"何等气概!何等志向!千载下读之,凛凛有生气焉。"(《云韶集》)

现在,我也不准备细致分析——"肢解"——这首神圣之作,希望还保留我对其的整体感知与膜拜。在此,仅谈两处自己的理解,纯属师心自用,方家一哂:

潇潇雨歇——

是潇潇骤雨初停,岳飞才凭栏远望吗?

理性判断应该是这样。但抛开理性,抛开诗词的跳跃性不谈,就从词作的文字排列顺序上看,我更愿意将其理解为:在雨中,岳飞凭栏远眺。他怒发冲冠,屹立危楼之上;潇潇秋雨中,他把栏杆拍遍,仰天长啸。不知多少时间过后,骤雨方歇。如此,岂不比雨后方凭栏,更能显示其"激烈"之"壮怀?如此,便与柳宗元写"蓑笠翁"(《江雪》)于暴雪中独钓寒江之上异曲同工——同为孤独、孤傲人啊!

八千里路云和月——

"云""月"共举,一般论者,言此为披星戴月、日夜兼程之意,如此鞍马劳顿,方能"北逾沙漠,蹀血虏廷,尽屠夷种"(岳飞《五岳祠盟记》),以"收拾旧山河"。但我觉得这两句辛劳之外有风雅,开阔之外有空灵。前文方壮怀激烈，此处却云淡风轻，张弛有度，节奏控制极好。周汝昌先生的品读印证了我这一理解：

开头凌云壮志，气盖山河，写来已尽其势。且看他如何再得去？倘是庸手，有意耸听，必定搜索剑拔弩张之文辞，以引动浮光掠影之耳目——而乃于是却道出"三十功名尘与土，八千里路云和月"十四个字，真个令人迥出意表，怎不为之拍案叫绝！此十四字，微微唱叹，如见将军抚膺自理半生悲绪，九曲刚肠，英雄正是多情人物，可为见证。功名是我所期，岂与尘土同轻；驰驱何足言苦，堪随云月共赏。试看此是何等胸襟，何等识见！

——周汝昌《说岳飞〈满江红〉》

岳飞虽出身行伍，但文化修养很高，诗词、书法均可谓一时之选。如果盖住岳飞的名字，只读其文字，还误以为这是终日挥毫的文人所写呢！岳飞"抚膺自理半生悲绪，九曲刚肠"的词作，又如《小重山》：

昨夜寒蛩不住鸣。惊回千里梦，已三更。
起来独自绕阶行。人悄悄，帘外月笼明。
白首为功名。旧山松竹老，阻归程。
欲将心事付瑶琴。知音少，弦断有谁听。

写得真好啊！要什么有什么。二十年前，我将这首词抄录下送与妻子，从此情定一生。

回到《满江红》。

我觉得，从艺术角度来看，下片不如上片。上片张弛有度，颇有诗情，下片则近于呐喊、咆哮。不过想想也是，以岳飞的遭际，怎能不呐喊、不咆哮呢！

每每想到岳飞的一生，"收拾旧山河"宏愿成空，三十九岁正值盛年就冤死风波亭，我叹息不已，多次泪下沾裳。

然而，人总要去面对残酷。岳飞为什么会死？难道只是奸臣当道，残害忠良？评书里的解释，大概过于简单。

七年前（2012年）的冬天，我带学生去河南游学，重要一站便是河南汤阴岳飞故里。为了让学生深入了解岳飞，我准备了一场关于岳飞的讲座。那段时间里，读岳飞的史料，思考岳飞的事迹，我沉浸其中。讲座完成，也了却了我一桩夙愿。

接下来的文字就是由那次讲稿整理而成，口语痕迹很重。为"立此存照"之意，不再大改，读者诸君海涵。如有补充，则加注释以说明之。

四

关于岳飞，我只讲大家关心的两个问题。第一个，谁杀了岳飞；第二个，岳飞为何被杀。通过这两个问题，我们来看一看岳飞的耿直的性格，来看一看他精忠报国的壮志。在我们的网络论坛上，高语含同学写了一首七律：

> 马革裹尸英雄还，破尽强虏血染衫。
> 岳峙渊渟纵神剑，岂负清名万古传！
> 文能提笔安天下，武当倚马破群妖。

> 只因朝中奸臣妒，轮回殿里度残宵！
>
> ——高语含《游岳飞庙感怀》

"只因朝中奸臣妒"，回答了"是谁杀了岳飞"的问题。这个奸臣不必说，大家都能想到，是秦桧这个人。和高语含有相同想法的，其实并不是少数人，比如这首诗：

> 长脚归来局已翻，黄龙痛饮竟空谈。
> 中原垂复功推一，大狱将成字只三。
> 基业心伤淮水北，旌旗目断汴河南。
> 庙门铁铸奸雄膝，终古灵风闪柏楠。
>
> ——潘鹭《瞻谒鄂王庙敬题西壁》

我在岳庙买了四本书，其中一本是题在岳庙中诗词的集子，[①]这首诗就出自此书。"长脚归来局已翻"，大家猜猜"长脚"是谁？这个词汇，其感情色彩是褒义的，还是贬义的？对，"长脚"是个贬义词。秦桧的外号叫做"长脚""秦长脚"。

这里我稍做一点解释，秦桧不是一开始就跟着赵构南渡的，他之前被金人掳走过。赵构南渡，并没有带太多的北宋旧臣，因为北宋的大臣、后宫、皇帝，多数都被金人给掳到北方去了。秦桧当时是北宋的一名御史，也被掳走了。但他随即投降，做了金人的官。说他"归来"，也就是指他回到了南宋朝廷。

"归来"的人能受重用吗？按照常理，这样的人是不能重用的。但

[①] 岳飞纪念馆编：《汤阴岳庙明清碑刻选》(内部资料)，1996年12月印刷。

是秦桧归来，马上被高宗召见，并给予了官职。再后来，秦桧官运一路亨通，官至丞相。他为什么会官位急速上升？因为，秦桧是作为金、宋讲和的中间人而南归的。如果南宋想通过秦桧讲和的话，秦桧的官位就一定会一路飙升。如果讲和不成，秦桧就会被冷落。

这是关于秦桧的一点事情。

通过高语含以及潘鹭的诗作，我们可以得出这样的认识：秦桧杀了岳飞。奸臣当道，忠良惨遭陷害。

我小时候接触的第一个历史人物，就是岳飞。大概在五岁的时候，我家没有电视机，当时也比较穷，只能听收音机。那时刘兰芳讲《岳飞传》，我从评书里面了解到的就是秦桧当道，奸臣害了岳飞。听到岳飞风波亭遇害的时候，我还泣不成声。我接触的第一份纯文字读物，也是根据这套评书整理而成的《岳飞传》。我对岳飞的了解，可以说是很早的，当然那时的认识并不深入。

以上是岳飞遇害原因的第一种看法。

五

但有人会说，秦桧官再大，也只是一个臣子，如果没有赵构的批准，他真的能杀得了岳飞吗？毋庸置疑，没有赵构的批准或默许，秦桧杀不了岳飞。[1]

但是也有人跳出来为赵构辩解，说什么"高宗受蒙蔽，贼桧害忠良"（《过汤阴武穆王庙》）云云，意思是高宗签署了逮捕令，但是呢，他是

---

[1] 正史便认为，杀害岳飞的主谋是宋高宗赵构。《宋史·岳飞传》："高宗忍自弃中原，故忍杀岳飞。"

被蒙蔽的。虽然高宗有责任，但这个责任，不属于直接的责任，而是间接的责任。岳飞被杀，是因为秦桧进的谗言。高宗没问题，高宗是好皇帝！

其实，我们都能猜到，说这话的人肯定和皇帝是一伙儿的。刚才说"高宗受蒙蔽，贼桧害忠良"这话的人是明朝的一位司礼太监，叫谷清。我们都知道，太监是皇权的延伸，他肯定会偏袒皇帝的，所以才会说这样的话。

支持赵构是杀岳飞主谋的人也不少，比如文徵明，他写过一首《满江红》：

拂拭残碑，敕飞字、依稀堪读。

慨当初、倚飞何重，后来何酷。

果是功成身合死，可怜事去言难赎。

最无辜、堪恨更堪怜，风波狱。

岂不惜，中原蹙。

岂不念，徽钦辱。

但徽钦既返，此身何属。

千古休谈南渡错，当时自怕中原复。

彼区区、一桧亦何能，逢其欲。

"此身"是谁？就指高宗赵构。意思是徽、钦二帝回来了，赵构怎么能继续当皇帝呢？我们来看看，赵构是在什么情形之下当上皇帝的呢？北宋灭亡，徽、钦二帝被掳到金国去的情形下，才登上帝位的。他为了得到帝位，道义上打了一个旗号，说如此是防止宋朝被金人要挟，需要赶紧拥立一个新君，打消金人以徽、钦二帝作为谈判筹码的狼子野心。设想，如果这两个"正宗"的皇帝回来了，赵构皇位的合法性肯定受到影响，所以文徵明才有了"此身何属"的说法。

"千古休谈南渡错，当时自怕中原复"。文徵明说，赵构特别害怕中原恢复、二帝还朝。又说："彼区区、一桧亦何能，逢其欲。"这个"其"又指代谁？还是皇帝赵构。在文徵明看来，杀害岳飞的凶手就是高宗赵构，不是秦桧这个奸臣。他认为，奸臣秦桧再有能力，"不逢"赵构之"欲"，一个臣子想杀朝廷重臣的阴谋，决不能得逞。①

以上是谁杀了岳飞的第二种看法。也就是说，秦桧和赵构都是杀人凶手。我们同学就有这样的认识：

"壮志饥餐胡虏肉，笑谈渴饮匈奴血。"可是，岳飞啊，谈笑间取你性命，饮你鲜血的，却是与你同朝的大臣和主上。他们一个为了争功，一个为了帝位！

——黄国宏

黄国宏同学认为，君臣二人狼狈为奸，赵构为了自己的皇位永固，秦桧为了贪权争功，所以杀了抗金名将岳飞。

---

① 邓广铭先生有不同见解，邓先生认为岳飞冤死的主谋是"汉奸"秦桧，宋高宗赵构是被其挟持、玩弄的。他说："进入这一阶段（按：指宋金议和）之后，秦桧在南宋王朝所处的地位，便不再是居于皇帝赵构之下，而是能够玩弄赵构于股掌之上，是赵构必须仰承他的鼻息的一个人物了。"又说："岳飞的狱案是整个降金政策的一个组成部分……女真军事贵族兀术曾致书秦桧，胁迫他说：'必杀岳飞而后可和。'既然如此，则秦桧是杀害岳飞、岳云、张宪诸人的元凶和主谋，也同样是显而易见的。"还说："罗织罪名，诬枉陷害岳飞父子和张宪而至之于死地，这就是秦桧任凭'一时之私意'而'死则死之'的一桩典型事例。"参见邓广铭：《岳飞传》（三联书店2017年版），页399–414。

六

事情可能还不只是这么简单。岳飞被杀,有没有他自身的原因?我们从岳飞最熟悉的词作《满江红》入手看一看:

怒发冲冠,凭栏处、潇潇雨歇。

抬望眼,仰天长啸,壮怀激烈。

三十功名尘与土,八千里路云和月。

莫等闲、白了少年头,空悲切。

靖康耻,犹未雪。臣子恨,何时灭。

驾长车,踏破贺兰山缺。

壮志饥餐胡虏肉,笑谈渴饮匈奴血。

待从头、收拾旧山河,朝天阙。

我问一个问题,从诗歌本身来看,岳飞为什么"怒发冲冠"?

这个问题比较好答,因为"靖康耻,犹未雪。臣子恨,何时灭"。注意,这个"恨"是"遗憾"的意思。岳飞遗憾靖康年北宋灭亡,这种耻辱到今天还没有得到昭雪。我们再读读岳飞的另一首作品:

遥望中原,荒烟外、许多城郭。

想当年、花遮柳护,凤楼龙阁。

万岁山前珠翠绕,蓬壶殿里笙歌作。

到而今、铁骑满郊畿,风尘恶。

兵安在?膏锋锷。民安在?填沟壑。

叹江山如故，千村寥落。

何日请缨提锐旅，一鞭直渡清河洛。

却归来、再续汉阳游，骑黄鹤。

——岳飞《满江红·登黄鹤楼有感》

"万岁山前珠翠绕，蓬壶殿里笙歌作"这句，描绘的是眼前之景还是过去的呢？过去的。过去怎样的情形？过去非常繁华，甚至奢华。岳飞写过去，这不但是和现在的衰败做对比，同时他也是对北宋骄奢淫逸导致灭亡进行批评。意思是像宋徽宗这些君臣，整天歌舞弹唱，势必亡国。

我们知道，宋徽宗的艺术造诣是非常高的，但请注意他的身份。你宋徽宗是一位君主，责任所在，你不能仅把自己视为一名艺术家吧！这是过去，今天如何？

我岳飞"遥望中原，铁骑满郊畿"，到处是战乱，战乱带来的后果是什么？"兵安在？膏锋锷。民安在？填沟壑"。大家都知道，就像一些老人跟我们讲的，最下等的人死了怎么办呢？用芦席一卷，挖个浅坑埋了。有个坑还是好的，词中所写的百姓，都暴尸于沟壑之中。

当兵的如何？"膏锋锷"。我们从"填沟壑"这个词语的结构来猜，"膏"是什么词性？动词。"膏"本义是肥油，当兵的身体都被刀砍了，肉体浸润了刀锋，一片惨象。

对于岳飞来讲，他对金朝的强烈的愤慨，一方面来自对北方人民惨遭蹂躏的痛惜，另一方面就是金朝统治者如果占领了整个中国，岳飞对他们的统治能力，是持怀疑态度的。对可能出现的悲剧后果，岳飞是担忧的。①

岳飞的担心不是没有道理，南宋最后被元朝灭了。怎么样呢？元朝军队战斗力很强，疆域很大，但是元朝可以说是中国历史上最黑暗的一个朝代。元朝统治者把人民分为四档，实行种族歧视政策。统治者不顾客观规律，地不让你种了，都圈起来放马。他们不学习汉文化，他们的皇帝不说汉语，他们攻城略地，却只"统"不"治"，大肆屠城、抢掠之后，扬长而去，生灵涂炭。②如此说，岳飞坚决抵抗金人南下，坚持收复中原，目的就是要救百姓于水火。

上面所说的，就是《满江红》所说的"收拾旧山河"。但不要忘了后面还有一个"朝天阙"。有人说，老师你跑偏了，你不是要谈岳飞为什么死吗？谁杀的岳飞吗？怎么谈他的理想？

其实，岳飞的政治理想与他为何被杀，有密切的关系。

七

"朝天阙"，这个天阙到底是赵构的，还是指徽、钦二帝的？有一种

---

① 龚延明说："金国，由女真贵族统治。当时正处于奴隶制阶段，社会落后，马克思说的'野蛮的征服者'，指的就是那些落后民族对经济文化处于先进地位的民族的征服。12世纪初，金统治者对宋朝发动的战争，便是一场掠夺性的、民族压迫的战争。金军所到之处，'杀戮生灵，劫掠财物，驱掳妇女，焚毁仓屋产业'。强迫汉人剃发换服式，改变民族生活习惯，违者格杀勿论。在云中，粘罕一次下令活埋三千人。被掳的大量汉人，当作牲口卖，十个汉人换一匹马。原来从事先进生产方式的中原人民，大量沦为奴隶。侵宋战争，无疑给先进的社会文明带来了严重的破坏。"参见龚延明《岳飞小传》（浙江古籍出版社1990年版），页15—16。

② 龚延明说："十三世纪初，由于金人'刷地'（疯狂地掠夺汉人土地）的结果，使原有耕地为一百九十万顷的河南，实际耕种的田地下降到九十六万余顷，一半以上都变成了荆榛之地。"参见龚延明《岳飞评传》（南京大学出版社2001年版），页302。

说法,说岳飞总想把徽、钦二帝迎回故都,这样对赵构的皇位产生了巨大的威胁,而赵构为了保住自己的皇位,所以杀了岳飞。

大家注意,说到这,我们已经进入到了岳飞话题的第二个部分:岳飞为什么被杀。

其实,岳飞对徽、钦二帝的态度,有一个发展的过程。最一开始时,岳飞是强烈地要迎徽、钦二帝还朝的,当然这也是南宋政府的政治口号。但是随着时间的推移,岳飞逐渐改变了初衷,认可了赵构的实际统治地位,所谓迎二帝还朝,真的变成了一个"口号"。我这样说有什么证据呢?绍兴七年,三十五岁的岳飞写了《乞出师劄》,就是给皇上写的一封奏折。他说:

异时迎还太上皇帝(按:此时徽宗已死,太上皇指钦宗)、崇德皇后梓宫,奉邀天眷归国,使宗庙再安,万姓同欢,陛下高枕无北顾忧,臣之志愿毕矣。然后乞身还田里,此臣夙昔自许者。

大家揣摩一下"陛下高枕"这句话。岳飞此时的意思很明白,意思是:即使把钦宗皇帝迎回来,他也不过是太上皇,是摆设了,实际的执政者还是你赵构。所以,赵构杀岳飞的原因,不是岳飞硬要迎徽、钦二帝还朝,这种观点不成立。[①]

那么,为什么赵构还要杀岳飞呢?

一个人想杀另一个人时,一定是对方给自己造成了巨大的威胁。赵构怕被威胁到什么呢?不用问,还是皇帝的宝座。那么,岳飞又在什么

---

① 参见王曾瑜《岳飞和南宋前期政治与军事研究》(河南大学出版社2005年版),页234—235。

地方威胁到了赵构呢?

第一,赵构认为,岳飞越权干政,野心勃勃。

岳飞这个人过于耿介。他屡次直言犯谏,对于投降派的说法、政策,岳飞一百二十个反对,屡加阻止,他甚至直接骂秦桧是奸臣。虽然他不敢骂皇帝,但是他言语之间对赵构投降和谈的政策是极为不满的。我们都知道,直接对权臣秦桧、对当朝皇帝提出如此激烈的意见,有两个后果,一是那些权臣一定会设法打击你,二是皇帝一定不高兴。

光是不高兴倒不至于杀人,但岳飞犯了一个大错——干预"立储"。立储就是立太子。岳飞担心南宋的政权不够长久,他向赵构提出,说皇上你得马上立储。赵构原本有一个儿子,但是夭折了。之后,赵构失去了生育能力,没有亲生的皇子。岳飞却说,一个国家如果没有储君的话,会给政治带来极大的风险,会有许多人为争夺皇位而去争权夺利,所以要赶紧立储。果不其然,赵构当场就斥责了他,说这件事情不是你应该管的。因为,按照规则,岳飞是武将,立储和不立储的问题是文官的事,他没有权利干涉。①岳飞明知后果还要如此,无外乎他一门心思希望宋朝江山铁桶万万年。

岳飞受到呵斥还不长记性,再次提出立储的问题,这让赵构动了杀心。②为什么?一个手握重兵的大将,对立储问题如此热心,是何居心?岳飞非常年轻,死时才三十九岁,而他三十二岁时就已晋封清远军节度

---

① 赵构听完岳飞建议立储的话后,说:"卿言虽忠,然握兵在外,此事非卿所当预也。"事见宋人熊克撰《中兴小纪》卷二一。龚延明说:"赵宋祖宗家法,向来疑忌武将,不准武将干预军事以外的朝政。像'储贰'(立皇太子)这样事关国本之大事,'唯腹心大臣得为之,非将帅任也'。"参见龚延明《岳飞评传》(南京大学出版社2001年版),页187。
② 时人张戒便认为岳飞此举与被杀有直接关系。他说:"嗟夫!鹏(按:指岳飞,岳飞字鹏举)为大将,而越权及此,取死宜哉!"参见南宋岳珂(按:岳飞之孙)《鄂国金佗稡编》卷二一《建储辨》引张戒《默记》。

使，①手握重兵，这很容易受人猜忌，何况对面是"名不正言不顺"的皇帝赵构！岳飞是不是要控制朝政？是不是要拥兵自重，甚至黄袍加身？赵构的老祖宗赵匡胤，便是如此夺了柴家江山而建立北宋的呀！所以说，赵构忌惮岳飞，不无道理。

第二，岳飞政治上不成熟，手握重兵却不听调遣。

岳飞本是一介农民，文化程度不高，读了几年书，习了几年武。他对中国历史、政治了解得不够深入透彻，不太懂官场，多次违背命令。岳飞年轻的时候，官位不高的时候，就有过不听调遣的"前科"，若非老将宗泽搭救，早已被军法从事。当上手握重兵的大帅后，依然"龙性难驯"，这不能不让赵构心怀恐惧。

当时南宋有四大帅，岳飞是一帅，韩世忠是一帅，还有刘光世和张俊。岳飞三十五岁那年，由于刘光世作风比较散漫，所以皇帝就想把刘光世手下的五万军队交给岳飞统领，并且对岳飞说了一句语重心长的话："中兴之事，朕一以委卿。除张俊、韩世忠不受节制外，其余并受卿节制。"（《鄂国金佗稡编》卷二七《岳武穆事迹》）"中兴"就是指北伐，国家大事我全交给你。如果这五万人给了岳飞的话，岳飞的军力就超过十几万了。岳飞最大的理想，不就是率领大军直捣黄龙吗！结果，皇帝出尔反尔。所以说皇帝说话是"金口玉言"云云，纯属瞎扯。

赵构害怕岳飞拥兵自重、尾大不掉，甚至黄袍加身。岳飞本人毫无二心却遭受猜忌，可气坏了。他觉得自己特别委屈，特别不舒服。于是

---

① 岳飞被谗害的罪名之一，便与节度使官衔有关。岳飞下狱后，有人罗织其罪名，告发岳飞"自言与太祖（赵匡胤）俱以三十岁为节度使"，构成"指斥皇舆"（按：触犯皇上）、"僭越"之罪。这显而易见是诬陷，岳飞为节度使在三十二岁，并非三十岁。据部下证明，岳飞只说过"我三十岁建节（按：即指为节度使），自古少有！"参见龚延明《岳飞评传》（南京大学出版社2001年版），页297。

他以一个大帅的身份，在没有任何请示的前提下，擅离军营，跑到庐山给他母亲守孝去了。你岳飞对皇帝不满就可以擅离职守吗？你手握重兵，想怎么干就怎么干，我赵构怎么控制你！

但此时的赵构还不到杀他的火候，就赶紧派人去请，岳飞牛脾气上来，坚决不回。结果使者急了，撂下一句话——"相公欲反耶"？^①你要造反吗？你原本就是一个农民，天子提携让你当了大帅，你想和朝廷作对、对抗中央吗？你如果不回去，我就会受罚而死，我有什么对不起你的？你要是不回军营驻地，我就死给你看。其实使者最后一句以死相挟的话，是没用的，有用的是"相公欲反耶"这句。我们都知道，岳飞哪里想过造反，不过是想撒一撒心中的怒气，没想到却把事情搞到这步田地。

我们都清楚，说"相公欲反耶"这话，不仅是使者的意思，更是赵构的意思。皇帝此时已经动了杀心，只是时机还不成熟。使者把话说到这个份上，岳飞只得奉诏下山，赴朝廷请罪。见到赵构，赵构对他说了一句话，这句话非常有深意。他说，太祖（按：指赵匡胤）说过"犯吾法者，惟有剑耳"。说你如果违背了我赵家王朝的法律，我只有用利剑来对付你，必须杀了你。"所以复令卿典军"，我之所以恢复你的职位，我不去惩罚你，"任卿以恢复之事者，可以知朕无怒卿之意也"。^②其实赵构

---

① 赵构派出的使者为李若虚、王贵，二人均为岳飞部属。李若虚之言全文："相公欲反耶？且相公河北一农夫耳！受天子之委任，付以兵柄，相公谓可与朝廷相抗乎？公若坚执不从，若虚等受刑而死，何负于公？"参见南宋李心传《建炎以来系年要录》卷一一二绍兴七年七月丁卯条。

② 清毕沅《续资治通鉴》卷一百十八《高宗绍兴七年（一一三七）》："初，（按：岳）飞请解官，未报，乃以本军事务（官）张宪摄军事。……帝命参议官李若虚、统制官王贵诣江州，敦请飞依旧管军，如违并行军法。若虚等至东林寺见飞，具道朝廷之意，飞乃受诏赴行在。张浚见飞，具责上之眷遇，且责其不俟报弃军而庐墓。飞具表待罪，帝慰遣之。将行，帝谓飞曰：'卿前日奏陈轻率，朕实不怒卿；若怒卿，则必有行遣，太祖所谓"犯吾法者，惟有剑耳"。所以复令卿典军，任卿以恢复之事者，可以知朕无怒卿之意也。'飞得帝语，意乃安。"

说这些话时，我们已经明显感觉到了杀机：岳飞你要再不听话，我肯定要办了你！你给我老实点儿！但现在呢，我要把中兴大业交给你，我很爱惜你，不追究了，留"朝"察看。可以看出，岳飞虽然没有造反的心，但赵构却已经埋下了必杀不可的种子，君臣之间产生了不可弥合的裂痕。

八

最后，再说说所谓岳飞的"愚忠"问题。

岳飞被杀，是赵构下令召他回朝。岳飞不回去不就完了吗？岳飞明知赴死还听皇帝的话，这难道不是"愚忠"吗？

我们理智地想一想，岳飞能违抗圣旨吗？很难。岳飞的时代，想要实现抱负，必须得做官，必须要有一个平台，做赵构给他的官。如果公然违抗皇帝的命令，就等于自毁平台，自毁前程。只需"抗旨不遵"这一条罪，岳飞就可以死上百回了。再者，岳飞北伐，需要朝廷供给粮饷，派兵策应。如无朝廷支援，恐怕孤木难支，难成气候。

当然，并非没有人替岳飞想过其他选择的问题。

岳飞单干行不行？占山为王啊！我小时候听评书，牛皋就总劝岳飞，说大哥①你别听皇帝老儿赵构的了，我们占山为王、落草为寇也一样抗金。这样行不行呢？我觉得不行。不但在道义上行不通，军事实力上也会大大减弱。岳飞抗金，是需要有深厚群众基础的。当时的百姓还是承认赵构的南宋王朝的，而岳飞只是南宋的一员大将，一名臣子。他如果自立为王，马上就成为舆论讨伐的对象。所以，占山为王、自己单干这条路行不通。

---

① 据史书记载，牛皋实际上比岳飞年龄大十几岁。

还有人为岳飞出主意，让岳飞去追随徽、钦二帝。洪之森在《谒岳少保祠》一诗中说：

敢从鸟尽怨弓藏，恢复中原志未偿。
君相同心轻骨肉，将军应逐两宫亡。

"君"指的是赵构，"相"指的是秦桧；"同心"是贬义的，"骨肉"指谁？这里的"骨肉"和"两宫"是有联系的，指的是徽、钦二帝。洪之森认为岳飞应该如何？——去追随徽、钦二帝吧！既脱离了赵构的残害，还存有实现抱负的可能。

我觉得这个想法有点扯。岳飞"逐两宫亡"？这两宫本来就是一对窝囊废。为什么"靖康之变"时两个皇帝同时被掳走了？宋徽宗一见大兵压境，马上发了个罪己诏，把皇位"禅让"给儿子钦宗，说自己到南边打猎去了，一走了之。可见，宋徽宗完全没有被辅佐的资质。① 同样，钦宗也没好哪去。再者说，徽、钦二帝此时已经是阶下囚，北方沦陷于金人手中，岳飞不可能在没有南宋这个根据地的前提下，到"敌占区"去实现自己"收拾旧山河"的政治抱负的。

所以，岳飞明知山有虎，硬着头皮还得朝虎山行。他回朝也就遇难"风波亭"，惨遭杀害。他儿子岳云原本被判的是"徒刑"，结果赵构大笔一改——斩！另外一个得力助手张宪，也同时被腰斩。这样，一位顶天立地的大英雄，就这样倒在了"赵家人"的屠刀之下。

赵构此时为什么真动了杀心呢？岳飞为什么必须死？

此时，南宋和金的形势是这样的：南宋朝廷力求议和，金国也怵于

---

① 当然，岳飞被害时，宋徽宗已经去世。

南宋军民抵抗，无力将其吞并。所以，宋金两国进入到了"战略相持"阶段，议和成为双方都愿意接受的选择。而岳飞是强硬的主战派，是和谈不可逾越的障碍。①一句话：岳飞影响了南宋基本国策的实施。②

所以，岳飞必须死。

2019.11.28

说明：本文后半部分岳飞讲座的初稿，由赵晴、张馨元两位同学根据录音整理而成，特此致谢！

音频版入口

---

① 龚延明说："由秦桧一手提拔为殿中侍御史的郑刚中，迎合高宗心理进言道：'讲和之事……今则以将帅以为忧。……独将帅之忧，汹汹如风涛尔！'"参见龚延明《岳飞小传》（浙江古籍出版社1990年版），页107。

② 当然，宋高宗赵构认为，岳飞对皇权也构成了严重威胁。两个因素加在一起，岳飞非杀不可。

第十七篇
躬行君子
——《论语》读法

一

《论语》是中国文化中最重要的典籍之一。对它的产生和基本内容，班固《汉书·艺文志》是这样说的：

《论语》者，孔子应答弟子、时人及弟子相与言而接闻于夫子之语也。当时弟子各有所记。夫子既卒，门人相与辑而论纂，故谓之《论语》。

由此可见，《论语》是一部关于孔子言行思想的记录。记录者和编纂者，是孔子的弟子及其后学。

两千多年来，《论语》在中国文化中的地位举足轻重。北宋宰相赵普说"半部论语治天下"，虽不免夸张，但凸显了对《论语》的看重。而以下两方面的事实则足以说明，《论语》在很长的历史时期中确乎是普及面最广的重要著作。第一，《论语》是中国古代基础教育的教材。古代教育识字启蒙之后，就开始读"四书五经"。《论语》便是"四书"之首（其他三书是《孟子》《大学》《中庸》）。第二，《论语》是科举考试的必考之书。自宋代以后，特别到了明清两代，"四书"列入科举考试命题的范围。正因为如此，在我国古代，《论语》的普及程度堪比西方的《圣经》，研究《论语》的著作更是汗牛充栋。

如今，尽管这两方面的情况都不存在了，但《论语》的文化价值仍不可忽视。要想了解我国传统文化，要想修身养德，具备中华优秀传统文化的基本素养，《论语》仍是不容忽视的必读之书。

二

《论语》现存二十篇，四百七十余章（这里的"章"实际上等于独立的"段"）。其篇题分别是：

学而	为政	八佾	里仁
公冶长	雍也	述而	泰伯
子罕	乡党	先进	颜渊
子路	宪问	卫灵公	季氏
阳货	微子	子张	尧曰

《论语》本不分篇，上述篇题是后人添加的，仅取篇首章的前两三个字而已。例如，"学而时习之"章是首篇首章，此篇便被命为"学而"。而《论语》内容涉及方方面面，同一篇未必讨论同一问题。例如《学而》篇便涉及"学""治国""忠""信""仁""孝"等众多问题。有鉴于此，《学生国学丛书新编·论语》（商务印书馆2018年版）选注者将《论语》内容进行了分类重组，拟了八个主题，并选取与之相对应的内容附于其下，形成八篇：

教学篇	伦纪篇	仁篇	德行道艺篇
德治篇	情文篇	观人篇	孔子言行篇

这样分类重组很有道理。这些篇题，简明扼要，条理清楚，较之《论语》原书的二十个篇题，更有利于初学者了解《论语》内容。记住这八个篇题，就迈进了阅读《论语》的大门。

三

初学者怎样读《论语》？下面提供四条建议供参考。

（一）想见其人

《论语》是一部阐述儒家思想的典籍，说理多于叙事。说理性文字往往枯燥，初学者较难进入"情境"。因此我们建议，不妨先读本书的《孔子言行篇》，获取对孔子其人的感性认识，这肯定有助于进一步阅读。比如读下面几章：

子曰："吾十有五而志于学，三十而立，四十不惑，五十而知天命，六十耳顺，七十而从心所欲，不逾矩。"

——《论语·为政》

孔子是有人生大格局的人。与重视功业成就的世俗之人不同，孔子对自己一生的总结中，没有说自己是殷商贵族的后人，没有说自己曾官至鲁大司寇，没有说自己曾删《诗》、作《春秋》。他不炫耀，不夸饰，不做作，只强调心灵成长的历程。这样的孔子，难道不值得我们深思吗？

子曰："饭疏食饮水，曲肱而枕之，乐亦在其中矣。不义而富且贵，于我如浮云。"

——《论语·述而》

孔子是能坚守道德底线的人。孔子并非不愿"富且贵"，他多次想把自己推销出去，说"我待贾者也"，还说过"吾岂匏瓜也哉，焉能系而不食"这样的话。但他却坚决不跨过"不义"这条红线，不像小人那样穷则无所不用其极。"君子固穷，小人穷斯滥矣"。这样的孔子，难道不值得我们尊敬吗？

子路宿于石门。晨门曰："奚自？"子路曰："自孔氏。"曰："是知其不可而为之者与？"

——《论语·宪问》

孔子是能坚守理想并为之不断努力的人。孔子周游列国终不能用，还被人嘲讽为"知其不可而为之者"——明知做不成功还去傻傻坚持的笨伯。孔子为什么要做这样的笨伯？他说："天下有道，丘不与易也。"而天下大乱，难道人人都去做与"鸟兽同群"的隐士吗？假如人人都袖手旁观、洁身自好，都不愿去改变这个世界，这个世界会自动变好吗？这样的孔子，难道不值得我们感动吗？

读了"孔子言行篇"，还可以读读《史记·孔子世家》，那里有对孔子更完整的介绍。你会发现，孔子不但是博学的人、坦荡的人，他还是率性洒脱、颇有幽默感的人。他与常人一样，有高兴之时，有哀痛之时，有自信爆棚之时，也有悲凉无助之时。亲其师方能信其道，大概我们亲近了孔子这位"至圣先师"，信其道会更容易些。

（二）修身养德

前文已经说过，今天读《论语》的意义，在于了解中国文化与修身养德，而后者的意义更重要。宋儒程颐说：

今人不会读书。如读《论语》，未读时是此等人，读了后又只是此等人，便是不曾读。

——朱熹《论语集注·论语序说》引

简单地说，读《论语》最紧要处便在于"学做人"。钱穆先生说：

倘使诸位欲知古代之礼，可读《左传》；欲知古代文学，可读《诗经》。孔子只讲如何做人……诸位若能从此道路去读《论语》，所得必会不同。

——钱穆《劝读〈论语〉和〈论语〉读法》

怎样做人，用《论语》里的说法，就是要学做君子。本书《观人篇》较为集中地谈及了君子的问题（本书其他各"篇"也有所涉及），值得我们学习、反思与践行。比如下面几章：

子曰:"君子坦荡荡,小人长戚戚。"

——《论语·述而》

子曰:"君子成人之美,不成人之恶。小人反是。"

——《论语·颜渊》

——君子胸怀坦荡,以成就他人为乐事。

子曰:"躬自厚而薄责于人,则远怨矣。"

——《论语·卫灵公》

子曰:"君子求诸己,小人求诸人。"

——《论语·卫灵公》

——君子严于律己,宽以待人。

子曰:"君子和而不同,小人同而不和。"

——《论语·子路》

子曰:"君子矜而不争,群而不党。"

——《论语·卫灵公》

——君子不苟同于人,却能保持和谐的人际关系。

子曰:"君子不以言举人,不以人废言。"

——《论语·卫灵公》

子曰:"众恶之,必察焉;众好之,必察焉。"

——《论语·卫灵公》

——君子清醒善察,不感情用事。

子曰:"见贤思齐焉,见不贤而内自省也。"

——《论语·里仁》

子贡曰:"君子之过也,如日月之食焉:过也,人皆见之,更也,人皆仰之。"

——《论语·子张》

——君子向至善靠拢,能不断反思、改正自己的过错。

也许有人会说,君子的道德水准高到难以企及,拒人千里之外,我们普通人达不到。毋庸讳言,君子的确是一种理想人格,连孔子本人都说"躬行君子,则吾未之有得"。抛开谦虚的因素,孔子大概也体味到了实现道德圆满的难度。不过,理想中君子的道德水准虽难以完全达到,却可以无限接近,至少也应如司马迁所言:"虽不能至,心乡(按:同'向')往之。"

所以,读《论语》日有所思、日有所进即可,读一章有一章的收获便已足够。如"心有戚戚焉"而尽力"躬行",你便在通向君子的道路上了。

(三)慎思明辨

"学而不思则罔"。读《论语》也要慎思明辨,多一些思考与追问。

比如读下面几章：

子曰："父在，观其志；父没，观其行；三年无改于父之道，可谓孝矣。"

——《论语·学而》

这样的"孝"一定合理吗？难道不必问"父之道"正确与否、合理与否吗？

季康子问政于孔子曰："如杀无道，以就有道，何如？"孔子对曰："子为政，焉用杀？子欲善而民善矣。君子之德风，小人之德草，草上之风，必偃。"

——《论语·颜渊》

如果没有生产力发展与制度进步，所谓"明君政治"真有如此效果吗？"小人"（按：指人民大众）真的只能做无主见无意识的墙头草吗？

子曰："志士仁人，无求生以害仁，有杀身以成仁。"

——《论语·卫灵公》

有种意见认为，把"成仁"看得比"求生"更重要，不对，这是道德绑架。有种意见认为，前提是要不要做"志士仁人"，要做志士仁人，就一定要"杀身以成仁"。你怎样理解呢？

可见，把《论语》简单地看成金科玉律，懵里懵懂地亦步亦趋，是不行的。如果读《论语》而不思考，便尽信书则不如无书了。

（四）积累语言

《论语》中座右铭式的嘉言俯拾皆是，遇到"心有戚戚焉"的警句，抄写之记诵之，无疑十分有益。比如下面各章便很值得抄写记诵：

子曰："三军可夺帅也，匹夫不可夺志也。"

——《论语·子罕》

子曰："当仁，不让于师。"

——《论语·卫灵公》

子曰："不患人之不己知，患不知人也。"

——《论语·学而》

子曰："知者不惑。仁者不忧。勇者不惧。"

——《论语·子罕》

子曰："朝闻道，夕死可矣。"

——《论语·里仁》

子绝四：毋意，毋必，毋固，毋我。

——《论语·子罕》

请你进一步抄写，争取抄写五十条，如能自行分类就更好。

四

如果想进一步研习《论语》，建议读以下几部书：

《论语译注》。今人杨伯峻撰。正文分原文、注释、译文三部分，书末附《论语词典》。此书是最易得的权威版本，可作为《论语》的普及读本。

《论语集注》。南宋朱熹撰。此书是《论语》学史上最具影响力的著作。明清以降，几乎无人不读"朱注"。此书既注重探寻文句的本义，又注重义理的阐发，是作者穷尽毕生心血所著。如希望深入了解《论语》，可读此书。

《论语集释》。近人程树德撰。此书集古今《论语》注疏之大成，引录古籍600多种，取舍严谨，博而不滥，疏解详明。如希望对《论语》有更深理解与研究，可读此书。

说明：本文是笔者为《学生国学丛书新编·论语》（商务印书馆2018年版）所撰写的"新编导言"，选入本书时略有删改。

附：

孔子崇拜——由四中孔子像想到

北京四中"国学讲堂"前立了一尊孔子半身像。老先生头裹布巾，双眼低垂，一脸的慈祥与谦逊。每每路过铜像，我总有一种莫名的疑惑，不知这尊塑像是否能再现这位备受崇拜的伟人的风神。

据说这是新近"研究"出来的孔子"标准像"。如果你看过曲阜孔庙的孔子像，便很容易看出二者的区别。孔庙的塑像是坐式的全身像，老先生头顶冠冕，眼睛大而突出，一脸的凛然不可犯。我仔细数过，冕上有着与天子相同的十二串珠子，即所谓"冕十二旒"，俨然一派天子气度。塑像下是长长的几案，从香炉中厚厚的灰烬来看，上香祭拜或祈求护佑的崇拜者一定不在少数。

其实，无论我们如何想象如今崇拜者的数量与虔诚度，似乎都与古代的无法比拟。虽不能亲见古代的祭孔大典，但我们从今天"情境再现"式的商业表演上，也能约略想见当时的盛况。伴着肃穆而悠长的钟磬雅乐，主祭在排列整齐的宏大阵仗中缓缓踱出。繁琐的礼节之后，主祭——朝廷大员甚或是君王——献祭品，焚高香，以最虔诚的心来祭拜孔子。

如果说祭孔大典的真实场景已无法复现，可历代君王对孔子的封号还是清晰地记录在文献之中。孔子死，鲁哀公降尊纡贵，率先以国君的身份颂其为"尼父"，以示崇敬。自汉朝以来的帝王，更是无一吝惜他们的封赏。汉平帝敕封"褒成宣尼公"，老先生位列公爵；唐高宗追赠"太师"，老先生得到臣子的最高荣誉；唐玄宗追封"文宣王"，老先生已不再为臣；元朝皇帝虽疏于文墨，却封其为"大成至圣文宣王"，老先生从此便"冕十二旒"，俨然与帝王平起平坐了。据说孔庙的大成殿只比紫禁城的太和殿矮了一点点。明清两代的皇帝们虽然将老先生拉下了"帝位"，但尊孔之风却有增无减。

相信从上面的叙述中，你已能体味到我对君王们做法的态度了。他们无非为了政治目的而"绑架式"地来抬高孔子。据说刘邦是以"太牢"之礼祭祀孔子的第一人。一个曾经对着儒冠撒尿的政治投机者，一定是觉察到了老先生对自己的莫大用处。刘邦大张旗鼓地祭孔，是因为天下已定，忠诚问题需要立马提上日程。以作秀的方式高调表达了"君使臣以礼"这个前提后,君王便可大力倡导"臣事君以忠"了。希望臣对君的无条件效忠,是历代君王尊孔的根本原因。

君王如此,臣子亦然。汉代独尊儒术,孔子学说获得了官方话语权,哪个士子敢有丝毫质疑？尤其隋唐以后选拔人才的主流方式——科举制——广泛实施后,记载老先生言行的《论语》成了"高考"必考科目。读书人为了能博得"上位"的敲门砖,必须"代圣人立言"。有心无心间,老先生必然会成为上香叩头顶礼膜拜的对象。

老子说,物壮必老。事物发展到极致,必然走向反面。清末国力衰微,列强跋扈。民国初年,重压之下的国人开始怀疑起了老先生,将其拉下神坛,甚至投入地狱。连老人家曾经从事过的职业——教师——都变成了下九流、臭老九。时至今日,我们的教师队伍仍然多不是由精英分子所组成。谁愿意把自己的前程捆绑在被人鄙视的职业之上呢？

不难看出,无论是崇拜孔子还是打倒孔子,都是有意为之的"作秀",其出发点均非发自内心。孔子就像一匹马,打仗时则骑上打仗,耕地时则套上拉车,有几人是真心来欣赏马的灵性呢？

不过,西汉那位伟大的历史学家却向老先生投去了真诚的目光,令人欣慰。翻开《孔子世家》,我们看到的是年少贫贱但生无所息的孔子,看到的是困于陈蔡但泰然自若的孔子,看到的是夹谷之会上豪气逼人的孔子,看到的是周游列国时百折不回的孔子。太史公记录了孔子的困窘,记录了孔子的悲伤,记录了孔子的潇洒,记录了孔子的率性。孔子一生虽都在等待,但他一直不曾放弃。虽然梦想不曾照亮现实,但他为世人树立起了一个永不妥协的大生命。

太史公看到这些,用"世家"的规格、长长的文字表达了对一个"失败者"的崇拜之情。他说:"'高山仰止,景行行止。'虽不能至,然心乡（向）往之。"孔子就像高山，就像大路。自己虽永远达不到那个高度，但永远心怀崇拜之情。

我因太史公的真诚而认同他崇拜孔子的方式。虽然当下也有所谓的"国学热""孔子热"，恐怕又是新一轮的历史重演。为了让老先生在那个世界安息，我们自然不能再喊他"孔老二"甚或"丧家狗"，当然更不能重演让他顶冠冕、披龙袍的丑剧。

国学讲坛前的那尊孔子像，如有可能的话，重新塑一尊全身像吧！老先生的容貌，最好别过于慈祥，可再加些沉静与英武。腰间如果再悬一柄长剑，就更令人满意了。

说明：这篇附录文章是笔者与学生同时写的"下水文"，题目是"崇拜"（话题作文），写于2013年。

音频版入口

第十八篇
你知道吗
——《老子》读法

一

《老子》是我国传统文化经典,几千年来一直为人们所重视。它虽只有五千余字,却富含哲理,充满智慧,让人常读常新。

《史记·老子韩非列传》说,老子是春秋时期楚人,姓李,名耳,字聃,曾做过"周守藏室之史"——国家图书馆、档案馆的史官。老子与孔子同时代,或年长于孔子,孔子曾问礼于他。

《老子》又称《道德经》,共八十一章,前三十七章为上篇"道经",后四十四章为下篇"德经"。

二

班固在《汉书·艺文志》中有段总论"道家"的话:

道家者流,盖出于史官,历记成败存亡祸福古今之道,然后知秉要执本,清虚以自守,卑弱以自持,此君人南面之术也。合于尧之克攘,

《易》之嗛嗛，一谦而四益，此其所长也。及放者为之，则欲绝去礼学，兼弃仁义，曰独任清虚可以为治。

这段话完全适用于对"道家"代表作《老子》的评价。以之与《老子》一书相印证，我们不难看到：

首先，《老子》有强烈的现实感。书中无论是有所批判，还是表述对"小国寡民"理想社会的期望，或是提出"无为而无不为"的策略，都是总结了历代"成败存亡祸福"的经验教训，希望给混乱的社会开出治疗的药方。

其次，《老子》的基本内容，确乎是谈修身和治国。"秉要执本，清虚以自守，卑弱以自持"是修身之道，也是所谓"君人南面之术"。

此外，还可知道《老子》一书遭到的非议。西汉初期以黄老之术治国，道家思想被高度推崇。而班固则批评道家"绝去礼学，兼弃仁义"，显然，在汉武帝"罢黜百家，独尊儒术"之后，《老子》便时遭非议。

三

下面，谈几点阅读《老子》的建议。

（一）积累语言

1. 积累成语

《老子》中历久弥新的成语比比皆是，如哀兵必胜、宠辱若惊、大器晚成、功遂身退、和光同尘、涣然冰释、知雄守雌、知止不殆、天网恢恢、慎终如始，等等。建议浏览全书，摘录成语，自行分类整理。

2. 积累名言

《老子》中发人深省的名言警句俯拾皆是，也可加以摘录整理。如顺便做些笔记，效果会更好。下面试把名言警句分为六类，每类各举一例，可自行加以补充。

① 品格修养。比如："我有三宝，持而保之：一曰慈；二曰俭；三曰不敢为天下先。"（六十七章）

② 求学问道。比如："善人者，不善人之师；不善人者，善人之资。"（二十七章）

③ 人生经验。比如："知人者智，自知者明；胜人者有力，自胜者强。"（三十三章）

④ 辩证思维。比如："祸兮福之所倚，福兮祸之所伏。"（五十八章）

⑤ 治理国家。比如："治大国若烹小鲜。"（六十章）

⑥ 军事战争。比如："兵者，不祥之器，非君子之器。"（三十一章）

（二）章节精读

《老子》属于说理性文字，陌生概念多，阅读难度大。不妨先选若干章节精读，有所感悟，再行拓展。精读时宜注意以下问题。

1. 分清主次

某些章节宜注意分清主次，抓住核心。比如七十六章：

人之生也柔弱，其死也坚强；万物草木之生也柔脆，其死也枯槁。故坚强者，死之徒；柔弱者，生之徒。是以兵强则不胜，木强则兵。强大处下，柔弱处上。

此章内容的核心是"故"和"是以"后面的部分，而"人之生"四句是引出上述观点的"连类譬喻"，属于"枝叶"。阅读时分清主干和枝叶，则事半功倍。《老子》如此行文的章节很多，如五、六、八、十、十一、二十八、六十一、六十四、六十六、七十七、七十八等章。我们可试用此种方法去读。

2. 合并提炼

《老子》行文惯用铺排，阅读时宜注意合并提炼。如十二章：

> 五色令人目盲；五音令人耳聋；五味令人口爽；驰骋畋猎，令人心发狂；难得之货，令人行妨。是以圣人为腹不为目，故去彼取此。

五句排比要表达什么呢？要合并提炼一下："五色""五音""五味""驰骋畋猎""难得之货"，均指超越生存基本需求的奢欲；"目盲""耳聋""口爽""心发狂""行妨"，均指人受到的伤害。所以合起来，意思就是说"奢欲伤人"。《老子》中如此行文的章节也很多，如三、十五、二十、二十一、二十五、二十八、三十六、三十九、四十一、四十五、五十五、五十六、七十五等章。我们可试用此种方法去读。

3. 思考追问

"学而不思则罔。"阅读时还要就自己感兴趣、有疑惑之处勤于思考，多追问几个问题，进而形成自己的见解。比如八十章：

> 小国寡民，使有什佰之器而不用；使民重死而不远徙。虽有舟舆，无所乘之；虽有甲兵，无所陈之；使人复结绳而用之。甘其食，美其服，安其居，乐其俗。邻国相望，鸡犬之声相闻，民至老死不相往来。

"小国寡民"是怎样的社会？这可作为第一层追问。据此再读这段文字，可大致看出：从物质层面说，生活在这个社会里的人们"朴素"到极点；从精神层面说，他们对"食""服""居""俗"感到满意，内心富足。

"小国寡民"是进步的还是倒退的？这可作为第二层追问。可能多数人不难感到："小国寡民"肯定是一种社会倒退。在一个物质匮乏的社会里，有何进步可谈？

但我们还可以有第三层追问：评判一个社会进步与否的标准又是什么？评判一个社会的进步与否，百姓"幸福指数"是重要指标。面对"民多利器，国家滋昏"的社会现状，《老子》将"幸福指数"或说"满足感"作为理想社会的第一指标，无疑有进步意义。陈鼓应先生说："老子是个朴素的自然主义者。他所关心的是如何消除人类社会的争纷，如何使人们生活幸福安宁。"

但我们还可以有第四层追问：难道"小国寡民"的理想就没有问题吗？"小国寡民"社会中的人尽管"幸福指数"不低，但那却不是现代人追求的理想。

还可以继续追问下去，比如《老子》书中对"奇物""难得之货""利器"的观点应当怎么看，以现代社会发展的眼光又应怎么看，等等。这样，我们的精读，就会有更多收获。孟子说："尽信书，则不如无书。"读书最终还是要跳出来，形成自己的见解。

再如读七十八章：

天下莫柔弱于水，而攻坚强者莫之能胜，以其无以易之。弱之胜强，柔之胜刚，天下莫不知，莫能行。

这个"柔弱"胜"刚强"之说，就可引发一系列追问。《老子》主张"贵柔"，也可引发深入讨论。

（三）恰当归类

《老子》八十一章的排序没什么规律，同一主题的章节散见于书中。如想把握《老子》思想的精深之处，须将书中论及的关键"主题"穿珠成串——进行分类归纳。比如关于"道"这一主题，就可从不同方面加以归纳。下面试分四类加以归纳。

"道"是宇宙万物的本源。如：

道生一，一生二，二生三，三生万物。（四十二章）

"道"的特性。如：

有物混成，先天地生。寂兮寥兮，独立不改，周行而不殆。（二十五章）

"道"是万物所应依循的法则。如：

人法地，地法天，天法道，道法自然。（二十五章）

得"道"之人的行事原则。如：

致虚极，守静笃，万物并作，吾以观复。（十六章）

倘若我们把"无为""贵柔""辩证""治国""论兵"等主题也如此进行归纳，或者把《老子》取譬设喻的某些意象，比如"水""谷（谷神）""朴""母（雌、玄牝）""婴儿"选出来，把相关的论证分别加以归纳，那么对《老子》的阅读便会进一步深入。

（四）比较阅读

《老子》言简意赅，如果在阅读时与其他作品进行参照比较，也可获得更深的认识。

比如与《庄子》参照。《庄子》与《老子》一脉相承，其中的一些寓言故事，对理解《老子》很有帮助：

> 轮扁曰："臣也以臣之事观之。斫轮，徐则甘而不固，疾则苦而不入。不徐不疾，得之于手而应于心。口不能言，有数存乎其间。臣不能以喻臣之子，臣之子亦不能受之于臣，是以行年七十而老斫轮。古之人与其不可传也死矣，然则君之所读者，古人之糟粕已夫！"
>
> ——《庄子·天道》

轮扁制作车轮的高超技艺"口不能言"，只能"得之于手而应于心"。意即"道"是难以言说的，能通过语言传达出来的"道"，都是不全面的。这则"轮扁斫轮"寓言，形象地解释了"道可道，非常道"两句的内蕴。

再如《庄子》中"道在屎溺"一节（《知北游》）可视为"大道泛兮"的形象解说，《盗跖》篇可视为"绝圣弃智"的"小说化"演绎，《齐物论》一篇与《老子》的"辩证"相通，只是庄子走得更远。

此外，一些熟知的名篇也有助于我们理解《老子》。比如读陶渊明

《桃花源记》有助于理解"小国寡民",读柳宗元《种树郭橐驼传》有助于理解"无为而治",读苏轼《赤壁赋》有助于理解"辩证",等等。

当然,还可与儒家经典比较阅读。道家思想与儒家思想在很多观念上是相左的,比如对仁义的看法,对理想社会的期待,甚至对学习的看法,等等。如果我们将《老子》与《论语》进行一番比较阅读,相信也是大有裨益的。

说明:本文是笔者为《学生国学丛书新编·老子》(商务印书馆2018年版)所撰写的"新编导言",选入本书时略有删改。

第十九篇
走出庐山
——《庄子》读法

一

《庄子》是哲理与诗意完美交融的一部书。换言之,《庄子》虽然属于作者表达处世、治世之观点的哲理论说文,但行文上却"汪洋辟阖,仪态万方"(鲁迅《汉文学史纲要》),极具诗意。鉴于此,阅读《庄子》时便要注意策略。打个比方说,读《庄子》便如登山,"会当凌绝顶"才能"一览众山小"(杜甫《望岳》)。即先须有整体关照的眼光,通过把握行文脉络,进而明晓其观点,否则便会困于山中,而不识其庐山真面。

二

试以读《逍遥游》为例:

通观《逍遥游》,如果注意到文中"故曰"这样作者欲抛出观点的提示语,则不难找出全篇的核心观点——"若夫乘天地之正,而御六气之辩,以游无穷者,彼且恶乎待哉!故曰:至人无己,神人无功,圣人无名"。正如刘凤苞所说:"全幅精神,只在乘正御辩以游无穷,乃通篇结穴处。"(《南华雪心编》)了然于此，我们就能清晰地意识到，除去"至人""神人""圣人"之外，前文"烟雨迷离，龙变虎跃"(胡文英《庄子独见》)之行文所提及的大鹏、蜩与学鸠、冥灵、大椿、彭祖乃至宋荣子、列子等等，均"有所待"，都非逍遥者。此乃《庄子》欲"立"而先"破"之法。胡文英说得好，"善读者，要须拨开枝叶，方见本根，千古奇文，原只是家常茶饭也"(《庄子独见》)。如果割裂文章整体断章取义，误以为九万里图南的大鹏乃庄子推崇之对象，则与《庄子》的原意不符了。

不过，几乎所有人初读《逍遥游》时，都被《庄子》的障眼法骗过了，成语"鹏程万里"就是证明。"鹏程万里"的含义是前程远大。显然，人们对大鹏是否逍遥的问题，早已"屏蔽"甚至弃置不顾了。李白高唱着"大鹏一日同风起，抟摇直上九万里。假令风歇时下来，犹能簸却沧溟水"(《上李邕》)时，更是兴高采烈，完全不去顾及《庄子》的原意了。

怎样看待这种"误读"现象？

对于非研究者的一般读者而言，我想这是不必苛责的。读书之首要，自然在于求"真"，即努力追寻作者的原意。然而，读书更重要的目的，是有所思、有所得，成就自己。所以，在追寻作者原意与自我体悟感发之间，不必有太多的限制。

事实上，即便是"研究者"对所谓作者原意的追寻，也未见得便"衷于一是"。比如何为"逍遥"的问题。晋人郭象[①]说："物任其性，事称其能，各当其分，逍遥一也。"(《庄子注》)在司马氏统治下，晋人生存之路日趋逼仄，郭象以"自足"来解释"逍遥"，显然有拿《庄子》之酒浇胸中垒块的意味。明代僧人释德清则认为："逍遥者，广大自在之意，

[①] 据《世说新语·文学》及《晋书·郭象传》，郭象《庄子注》盖乃剽窃向秀之作。

即如佛经以无碍解脱。"(《庄子内篇注》)显然，这是以他自己的佛学认知来解释《庄子》了。

可见，任何文本都有其开放性，文本须经由作者和读者的共同"创造"，才得以最终完成。换言之，任何读者都有对文本的解释权，这是毋庸置疑的。

三

前文说读《庄子》就像登山，其实在很多时候，我们明明知道登山目标是登顶，但路边的树木花草、泉流沟壑往往会令人驻足欣赏。无疑，《庄子》每篇都有其发人深省的道理，但最引人注目的可能还是琳琅满目、充满浪漫诗意的小寓言。

试以读"浑沌之死"为例：

南海之帝为儵，北海之帝为忽，中央之帝为浑沌。儵与忽时相与遇于浑沌之地，浑沌待之甚善。儵与忽谋报浑沌之德，曰："人皆有七窍，以视听食息，此独无有，尝试凿之。"日凿一窍，七日而浑沌死。

这则寓言出自《应帝王》篇，本篇谈的话题是帝王应如何治国，核心观点为"游心于淡，合气于漠，顺物自然而无容私焉，而天下治矣"。由此，则儵、忽凿死混沌的寓意，无疑是对帝王不施行"顺物自然"——如同给浑沌凿七窍——的批判。

不过，《庄子》寓言的奇妙之处在于"横看成岭侧成峰"（苏轼《题西林壁》）。上面所言"浑沌之死"的寓意，属于"应该如此"的理解。

胡文英说"读《庄子》要浅者深之","极平淡语句中,有无限含蓄"(《庄子独见》)。细读"浑沌之死",我们还可以有"可以如此"的更多理解,比如发出如下追问:

1. 儵、忽凿浑沌,是因为要"谋报浑沌之德",这种似乎匪夷所思的"报德"方式与结果,可引发怎样的思考?

2. "人皆有七窍"而浑沌"此独无有",万物之间、人与人之间的差异性,该如何看待?

3. 浑沌为何被凿"七窍"便死去了?"七窍"又有何意味?

4. "害人者"为何被命名"儵"与"忽",死者为何被命名为"浑沌"?这种奇特的命名能引发怎样的思考?你还知道《庄子》中其他奇特的人名吗?

5. 儵、忽来自"南海"与"北海",浑沌居中"中央",这又有何种意蕴?

6. 司马迁说《庄子》"其要本归于《老子》之言"(《史记·老子韩非列传》),浑沌之死能否在《老子》中找到其理论根源?

7. 如将"浑沌之死"的寓意与孔子"己所不欲,勿施于人"(《论语·卫灵公》)相对比,又可引发我们怎样的思考?

8. 浑沌之死对于当下现实,有何启发意义?

像浑沌之死这样的寓言,《庄子》中俯拾皆是,如庄周化蝶(《齐物论》)、朝三暮四(同上)、庖丁解牛(《养生主》)、濠梁之辩(《秋水》)、鹓鶵之志(同上),等等。我们不妨细细思量其"应该如此"与"可以如此"的意蕴,这将是阅读《庄子》时十分有趣的一件事情。

总之,以"好读书,不求甚解;每有会意,便欣然忘食"(陶渊明《五柳先生传》)为阅读《庄子》之法,大概不会太错。

说明：本文是笔者为《学生国学丛书新编·庄子》（商务印书馆2018年版）所撰写的"新编导言"，选入本书时有较大删减。

第二十篇
纲举目张
——《韩非子》读法

《韩非子》是我国思想史、政治史上的重要经典。要了解法家思想，了解秦汉至明清的政治，就不能不读它。

一

《韩非子》很值得精读。就文章而言，这是一部成熟的说理散文集。韩非的文章，首尾贯通、逻辑严密、说理透彻、气势逼人。而与其他先秦诸子散文的明显不同，则是他的文章篇幅很长，动辄千字，甚至几千字，这会让今天的读者读起来感到困难较大。

兹提三点建议，供阅读本书参考。

建议一：观其大略，整体把握

阅读本书某一篇时，要注意先抓住主干，理清脉络，然后再选择感兴趣之处精读细品。

文章内容可以包罗万象，但必有主次之分、轻重之别。说理文在这一点上尤为显著。下面，我们以《五蠹》为例，说明怎样观其大略。

《五蠹》一篇的核心观点，出现在文章结尾：

人主不除此五蠹之民，不养耿介之士，则海内虽有破亡之国，削灭之朝，亦勿怪矣。

韩非提出君主要除"五蠹之民"，这是"破"；同时提出"养耿介之士"，这是"立"。那么，"五蠹之民"是什么人？为什么要"除"之？在提出核心观点之前，作者对"五蠹"已有阐述：

是故乱国之俗：其学者，则称先王之道以籍仁义，盛容服而饰辩说，以疑当世之法，而贰人主之心；其言古（按："古"当作"谈"）者，为设诈称，借于外力，以成其私，而遗社稷之利；其带剑者，聚徒属，立节操，以显其名，而犯五官之禁；其患御者，积于私门，尽货赂，而用重人之谒，退汗马之劳；其商工之民，修治苦窳之器，聚弗靡之财，蓄积待时，而侔农夫之利。此五者，邦之蠹也。

把这里的意思大致梳理一下：

学者——儒生：对抗、淆乱法律，蛊惑君主；

言古者——四处游说的纵横家：只顾私利，使国家利益受损；

带剑者——游侠一类人：任意违反国家禁令；

患御者——畏惧服兵役之人：贿赂权贵以逃避兵役；

商工之民——商人、工匠等人：囤积财货，搜刮农民的利益。

这便清楚了"五蠹"是什么人。而"耿介之士"又指什么人呢？若把视野再稍扩大，就会注意到阐述五蠹害民之前的一句：

聚敛倍农而致尊过耕战之士，则耿介之士寡而商贾之民多矣。

据此可知，这里所说的"耕战之士"——农民和士兵，就是韩非所说的"耿介之士"。他认为，这才是国家最需要的人。不过，《五蠹》一文以"破"为主，对养"耕战之士"的重要性未展开阐述。

经过这样一番梳理，我们对《五蠹》一文的核心观点便基本掌握了，这便是观其大略。

也许有人会问，二三百字就能说清的问题，韩非为何要洋洋洒洒写上四千多字？其实这也很容易明白。因为，写文章若仅仅说出结论，是很难服人的。韩非文章的读者，是特定的人——君主。所以，韩非一定要把道理铺展开来，要写得有深度，有广度，有力度，还要合逻辑，骋文采，有趣味，这才可能去说服君主。因此，《五蠹》结尾段之前四千来字，都是必要的铺垫。但我们今天的读者，完全可以"把一大片读成一条线"，迅速检索出核心观点，以观其大略。

在此基础上，我们就可进一步梳理文章的脉络。比如重点关注如下文句：

① 是以圣人不期修古，不法常可，论世之事，因为之备。
② 故圣人议多少、论薄厚为之政。
③ 故曰："事异则备变。"
④ 夫古今异俗，新故异备。
⑤ 是以赏莫如厚而信，使民利之；罚莫如重而必，使民畏之；法莫如一而固，使民知之。
⑥ 儒以文乱法，侠以武犯禁，而人主兼礼之，此所以乱也。

⑦ 夫治世之事，急者不得，则缓者非所务也。

⑧ 故明主之国，无书简之文，以法为教；无先王之语，以吏为师；无私剑之捍，以斩首为勇。是以境内之民，其言谈者必轨于法，动作者归之于功，为勇者尽之于军。是故无事则国富，有事则兵强，此之谓王资。

⑨ 治强不可责于外，内政之有也。今不行法术于内，而事智于外，则不至于治强矣。

⑩ 是以，公民少而私人众矣。

⑪ 夫明王治国之政，使其商工游食之民少而名卑，以寡趣本务而趋末作。

这十一条都是重要观点，加点（按：重点号为本文作者添加）字词显示了作者对其重要性的强调。如把这十一条加以梳理，则不难看出：

①—⑤是立论的理论基础，即"世"（时代）不同，"事"（情况）便有差异，而"备"（措施）也需做出相应改变。这些观点表明了韩非批判儒家、弘扬法家的立场。

⑥—⑪可看作是韩非对"五蠹之民"的逐一批判，指明其危害，反复强调"五蠹之民"乱国败政，非铲除不可。这些观点的阐述，形成百川归海之势，有力支撑了结尾所申明的核心观点。

把脉络大致梳理清楚了，"观其大略"的可靠度就更高了。

二

这种"观其大略"的方法，不仅适用于《五蠹》，也适用于其他篇章。

不过，阅读经典还不应止步于此。

建议二：玩味细节，慎思明辨

这也就是前文所说"选择感兴趣之处精读细品"。当我们观其大略之后，便可对文中某些感兴趣的问题，反复琢磨，从不同角度去质疑、设问、深思，这样就会有更多发现。

《五蠹》中故事甚多，有个小故事似属细节，但也值得玩味：

> 楚之有直躬，其父窃羊，而谒之吏。令尹曰："杀之。"——以为直于君而曲于父，报而罪之。

这故事讲楚国的直躬揭发了父亲窃羊的罪行，令尹却以不孝的罪名杀了直躬。韩非认为直躬检举父亲是对的，但令尹的做法错误。因为杀掉直躬，不利于检举犯罪，直躬"直于君"不该"罪之"。

这个故事在《论语·子路》篇中也有记载：

> 叶公语孔子曰："吾党有直躬者，其父攘羊，而子证之。"孔子曰："吾党之直者异于是。父为子隐，子为父隐。直在其中矣。"

孔子的观点与韩非截然相反，认为"子为父隐"才是正确的，而直躬的"证之"（举证、告发）是错误的。

那么，直躬检举父亲到底错没错？围绕这个问题，可以有许多不同见解。①

---

① 参见鲍鹏山《孔子如来》（长沙：岳麓书社，2015年版），页108–110。

例如，认为检举与不检举，各有利弊。若检举，社会公义得到维护，但父子亲情受到损害；若不检举，则公义受损，但父子亲情得到维护。

又如，认为儿子不检举，社会公义也不一定得不到维护。理由是法庭可以通过其他渠道获取证据。即使证据不足，无法治罪，但一只羊失窃，对社会危害也不大。何况个别案件因证据不足而不能公正判决，法律的权威也不会受损。

再如，认为儿子检举后果很坏。因为严重损害亲情的危害，远超过一只羊的损失。而且这种检举的示范作用，会导致人伦颠覆，甚至导致民族道德的滑坡。

当各种见解纷至沓来时，你怎么看呢？显然，以上见解，基本上是赞成儒家观点，反对法家观点的。事实上，法家固然有其冷静、高明、进步之处，但也确乎存在刻薄寡恩、单纯维护统治者利益的倾向。一直以来，很多人对法家的诟病，大多缘于此。

如果"慎思明辨"到这一步，应当说对韩非思想的局限性便有所觉察，也可大致明白，先秦法家思想与现代法制观念是有很大区别的。确实，在韩非的文章里，我们很难读到对人民生存状态的关怀和对美好未来的向往，这也是毋庸讳言的。

当然，儒法思想孰是孰非，是很复杂的问题，如果对此有兴趣，还可结合更多的资料慢慢去慎思明辨。

三

最后，再补充一点：

建议三：关注寓言，积累素材

《韩非子》中有大量寓言故事，如"郑人买履""郢书燕说""守株待兔""滥竽充数""买椟还珠"，等等，都为人所喜闻乐见。这些寓言，可帮助我们锤炼思维，也是帮助我们提高写作能力的绝好素材，很值得积累。不过唐敬杲先生这个选本中的寓言故事较少，有兴趣的读者可自行翻检《韩非子》全书，扩大积累范围。

说明：本文是笔者为《学生国学丛书新编·韩非子》（商务印书馆，待刊）所撰写的"新编导言"，选入本书时有较大删减。

第二十一篇
回肠荡气
——《二晏词》读法

一

晏殊（991-1055年），字同叔，谥元献，有《珠玉词》传世。晏几道（1038-1110年），晏殊第八子，字叔原，号小山，有《小山词》（原自题《补亡》）传世。晏殊词作存世一百三十八首，《学生国学丛书新编·二晏词》选注了三十五首；晏几道存世词作二百六十首，选注了四十首。

晏殊、晏几道人称"二晏"，可与词坛赫赫有名的"南唐二主"（中主李璟、后主李煜）父子比肩而立。晏殊被誉为"北宋倚声家初祖"（冯煦《蒿庵词话》），晏几道则被赞为"独冠一时"（陈廷焯《词坛丛话》）。

关于"二晏"的生命历程及其词风特色，选注者夏敬观先生在"绪言"中已有详述，应该细读，此不赘述。本"新编导言"仅就如何鉴赏二晏词谈几点建议，不妥之处敬祈指正。

二

鉴赏诗词的方法，虽因读者的阅读习惯、人生阅历、鉴赏水平等因素而千差万别,但也有一些基本规律可循。对初读者而言,可以循着读懂、读深这两步来走。所谓读懂,就是通过合理还原诗歌情境,来初步感悟诗歌的内容与情感;所谓读深,就是借助某些资料,比较参照,拓宽阅读的范围,从而加深理解。

(一)读懂

读懂诗词是鉴赏诗词的重要一步,也是最见功力的一步。诗词是诗人将所见所闻所感精心构筑的"深加工"品,精心组合且高度浓缩。读懂诗词,就是要逆着作者的创作过程,依据诗歌提供的字面"信息",不断确认、想象、追问、勾连、填补、推测,力图将诗人创作之时的情境一一还原。鉴赏一首好诗就像泡一壶香茶,茶叶逐次泡开,幽香渐入心脾。这是"走心"之旅,切忌蜻蜓点水,浮光掠影。比如读晏殊这首脍炙人口的《浣溪沙》:

一曲新词酒一杯。去年天气旧亭台。
夕阳西下几时回。
无可奈何花落去,似曾相识燕归来。
小园香径独徘徊。

此词很短,不妨先读上几遍,获取初步感知。读,未必一定要朗诵,也可低吟或者默念。

二晏词很少用典,多明白如话,这首词也不例外。不过,夏敬观先生的《二晏词评》说:

（按：晏）殊父子词，语浅意深，有回肠荡气之妙。

意即，二晏词浅近的字面下包蕴着深情，有动人心魂的妙处。那么，这首词"深"在何处，又"妙"在何处呢？我们试加以还原：

一曲新词酒一杯——

开篇第一句，有"词"有"酒"，可见这写的与宴饮有关。"词"是"新"的，必然心情也"欣"了。想象一下当时的情境：耳边，歌女轻吐曼妙的新歌；手中，樽中斟满了美酒。无疑，这是一场欢宴。

且住，诗歌是凝练的语言艺术，好诗绝不虚置一字。此刻不仅要追问：短短七字中，作者为何不嫌重复地连用两个"一"字？如果这个疑问在本句内不能得到圆满的答案，不要忘记佳作都是作为整体而存在的，勾连下文去追寻，也许会有收获。

去年天气旧亭台——

不觉得奇怪吗？刚只写了一句眼前的欢宴，第二句竟忽然跳到了"去年"。与散文、小说等文学样式不同，诗歌的语言是跳跃的。跳跃会造成诗意的"断裂"，当然这也会造就某种张力。而合理填补诗意的"断裂"之处，是鉴赏的难点，更是鉴赏的趣味所在。

停下来想一想，推测一下诗人当时遭遇的情形，可能是这样：眼前的欢宴勾起了作者对往昔的回忆，感旧之情油然而起。有理由相信，旧日那场与今天同样天气里、亭台中的宴饮，令人念念难忘。也许是词不如"新"，人不如"旧"吧。不然，如何解释第一句中连用的两个"一"字？刚刚听了"一"曲歌，喝了"一"杯酒，作者便从这热闹光景中恍然出了神。勾连第二句，则第一句的两个"一"字便有了着落。可见，作者的敏感与深情，都隐藏在这看似浅浅的字面之下，也许，这正是本词素来为人称道的原因之一。

夕阳西下几时回——

对过往的回忆，坠得作者的情绪向下沉，而"夕阳西下"正是这种情绪的形象化渲染。而"几时回"三字所问究竟是什么？是在问几个时辰后太阳重新升起？显然，如此显豁的事理根本不需发问。不需发问，为何又要发此一问？这痴痴一问之下，有痴痴之人的痴痴之情：面对无法挽回的逝去，无可奈何；然而，明晨的太阳会照常升起，此中又有些许欣慰。作者在失望中期待，落寞又有一丝欢欣。

仅这三句，倘如此读，大概就能明白夏先生所说的"语浅意深"了。

无可奈何花落去，似曾相识燕归来——

这晏殊最负盛名的两句了，已然成了他的"标签"，如影随形。

花盛而残，飘零委地，这是自然规律，任何人阻挡不得，所以只能"无可奈何"。这是一层。不过，那梁间的归燕却又给人带来些许希望与欣慰。这又是一层。然而，这希望与欣慰之中却不乏一丝惆怅：归来之燕仅仅是"似曾相识"，未必真是旧识，似乎又有了"曾经沧海"的失落。这再是一层。

如果再与"夕阳西下几时回"连起来琢磨，这两句在感情上分明又增多了几许失落、几许期待。几句间情感丰富曲折，一唱三叹，确实不负"有回肠荡气之妙"的赞誉。

花落，燕归，世所常见，而这里的话语组合竟催生出极大的张力，令人百读不厌。这两句易读、易记、易诵，且富含哲理意味：人的一生不都是在"旧"与"新"的交替与感慨之中走过的吗？有些事物的消逝令人伤感，但生活未必就一片灰暗，还会有另一种希望的到来。这确是点铁成金的大手笔。

小园香径独徘徊——

独自徘徊，难免寂寞。但此时仅仅只有寂寞吗？"小园香径"四字的修饰，使得"独徘徊"有了另一番情味：行走在雅致小园落花飘香的小径之中，谁又能无一丝惬意？如果再勾连上文"花落去"一句，那么不难感到，作者所要表达的并非只是"无可奈何"的单一情绪。夏先生所说的"有回肠荡气之妙"，大约便是这种曲折尽意的妙趣。

又或者，远离了歌筵的喧闹，在这"小园香径"中什么都可以想，什么都可以不想，又何尝不是一种独处的幸福呢？

《浣溪沙》的结尾余韵袅袅，我们不能确认作者究竟要表达何种情感。但可以肯定的是，上述的解读一定不能涵盖所有。前人谓其"妙见于卒章，语尽而意不尽，意尽而情不尽"（李之仪《跋吴师道小词》），"总以不尽为佳"（邹祗谟《远志斋词衷》），说得很透。

（二）读深

拓宽思考范围，理解就会加深，我们不妨再拿几首词来比较。比如，同是写宴饮的作品，不妨看看这首：

> 梅花漏泄春消息。柳丝长，草芽碧。
> 不觉星霜鬓边白，念时光堪惜。
> 兰堂把酒留嘉客。对离筵，驻行色。
> 千里音尘便疏隔，合有人相忆。
>
> ——晏殊《滴滴金》

把酒留客留不住，别后音尘疏隔，已是伤感。而"春消息"又提示着作者再增一岁，年华冉冉老去。大概《浣溪沙》"无可奈何花落去"一句中，也包含着"不觉星霜鬓边白，念时光堪惜"的感慨吧。

又如另一首《浣溪沙》：

已是年光有限身，等闲离别易销魂；酒筵歌席莫辞频。
满目山河空念远，落花风雨更伤春；不如怜取眼前人。

——晏殊《浣溪沙》

年华终将"无可奈何"地老去，抵御的办法只有"怜取眼前人"，甚至"劝君莫作独醒人，烂醉花间应有数"（《木兰花·燕鸿过后莺归去》）来及时行乐了。所以，可以猜想"一曲新词酒一杯"后，作者可能又"一杯一杯复一杯"（李白《山中与幽人对酌》）了。

此外，这首《浣溪沙》虽与"一曲新词酒一杯"那首《浣溪沙》在情感表达上都一波三折，但风格上却大不相同，属于晏殊词中的"变调"，与其名句"昨夜西风凋碧树，独上高楼，望尽天涯路"相仿，气象宏阔，意境莽苍。

如此反复比较，我们对晏殊词的鉴赏就更深些。

再比如《玉楼春》：

池塘水绿风微暖。记得玉真初见面。
重头歌曲响铮深，入破舞腰红乱旋。
玉钩阑下香阶畔。醉后不知斜日晚。
当时共我赏花人，点检如今无一半。

——晏殊《玉楼春》

俞陛云《唐五代两宋词选释》评此词说：

极美满之风光，事后回思，都成陈迹。元献（按：晏殊字元献）生当盛世，雍容台阁，而重醉花前，尚有旧人零落之感。若生逢叔季，衣冠宅第转眼都非，宁止何戡感旧耶？

晏殊虽贵为宰相（官至参知政事），"富贵优游五十年"（欧阳修《晏元献公挽辞》），歌姬舞女佐酒欢宴是生活的常态，却仍总寂寞沉吟。"当时共我赏花人，点检如今无一半"两句，便体现了他因"旧人零落"而带来的人生如梦心境。

三

如果换成晏殊的幼子晏几道来写宴饮，恐怕这种感受便更深沉了。比如晏几道这首最负盛名的《鹧鸪天》：

> 彩袖殷勤捧玉钟。当年拚却醉颜红。
> 舞低杨柳楼心月，歌尽桃花扇底风。
> 从别后，忆相逢。几回魂梦与君同。
> 今宵剩把银釭照，犹恐相逢是梦中。

词的上片追忆当年甜蜜、沉迷的生活。"殷勤""拚"等字的运用，使得情感更加浓烈。下片写分离、相思又相见的过程。分离之后，回首往事而形诸梦中，以幻为真；相见之后，却以真为幻。真实的相会却怀疑是梦境，这其间包蕴了多少不可言说的苦思。越是怀疑，就越显出认真，越是认真，就越显出珍惜，越是珍惜，就越增加再次离别时的苦楚，其意绵绵不尽。词史上虽"二晏"并称，但不少人认为"小晏"的成就高于"大晏"。夏敬观先生在《映庵词评》中说：

叔原（按：晏几道字叔原）以贵人暮子，落拓一生。华屋山邱（按：同"丘"），身亲经历，哀丝豪竹，寓其微痛纤悲，宜其造诣又过于父。

清人周济也说："小晏精力尤胜。"（《宋四家词选·目录序论》）究其根源，在于晏几道看破了人世的繁华与险恶，因而无心仕途，整日流连诗酒。他曾作诗表达自己的心境：

仰羡知几避缯缴，俯嗟贪饵失江湖。

——晏几道《观画目送飞雁手提白鱼》

正是这种少历繁华嗣后"落拓一生"的人生遭际，造就了他的"赋到沧桑句始工"（赵翼《题遗山诗》）。晏几道本人在《〈小山词〉自序》中说：

追惟往昔过从饮酒之人，或垅木已长，或病不偶。考其篇中所记悲欢合离之事，如幻如电，如昨梦前尘，但能掩卷怃然，感光阴之易迁，叹境缘之无实也。

晏几道的挚友黄庭坚，在《小山词序》中说他是一个"痴"人。如果把比较的范围扩大一些，晏几道与清代词人纳兰性德也很相似。纳兰词《浣溪沙·残雪凝辉冷画屏》中几句，恰好可作晏几道的写照——

我是人间惆怅客，知君何事泪纵横，断肠声里忆平生。

基于这样的了解，我们可以再读读晏几道另一首《鹧鸪天》：

小令尊前见玉箫，银灯一曲太妖娆。
歌中醉倒谁能唱，唱罢归来酒未消。
春悄悄，夜迢迢，碧云天共楚宫遥。
梦魂惯得无拘检，又踏杨花过谢桥。

——晏几道《鹧鸪天》

与前面提到的《鹧鸪天》中"拚"字类似，"太妖娆"的"太"字也凸显了晏几道感情的浓烈。此词最为人所激赏的是最后两句。与"玉箫"别离之后，相思无望，只有梦中才能"无拘检"地相会。"惯""又"两字下得绝妙，点明如此之梦已做过千遍万遍了。据说正襟危坐的道学家程颐听到这两句后，笑评曰"鬼语也"（邵博《闻见后录》），也是颇为欣赏。

此外，晏几道写梦境还有更沉痛之语，比如"梦魂纵有也成虚，那（按：同'哪'）堪和梦无"（《阮郎归·旧香残粉似当初》），这显然比他父亲的词更深沉。

四

毋庸讳言，"二晏词"并不为太多中学生所熟知，本套"学生国学丛书"将其选入，意在让中学生对其有所了解。

在中国古代文学中，诗词有别。诗常用以歌咏怀抱，词更多用来吟咏性情。词的正宗是"婉约"词，由以温庭筠为首的"花间词派"开创，"南唐二主"光大，至北宋初年的"二晏"接过大旗。婉约词是"为艺术"的，甚至就纯为"娱乐"而生。这一点晏几道在《〈小山词〉自序》中说得很清楚：

叔原（按：晏几道自称）往者浮沉酒中，病世之歌词不足以析酲解愠，试续南部诸贤绪余，作五七字语，期以自娱。不独叙其所怀，兼写一时杯酒间见闻，所同游者意中事。尝思感物之情，古今不易。窃以谓篇中之意，昔人所不遗，第于今无传尔。故今所制，通以"补亡"名之。始时沈十二廉叔、陈十君龙家有莲、鸿、蘋、云，品清讴娱客。每得一解，即以草授诸儿。吾三人持酒听之，为一笑乐。

晏几道写词，其内容是"杯酒间见闻，所同游者意中事"，其目的是"析酲解愠""为一笑乐"，其手段是由"莲、鸿、蘋、云"这样的歌女所演唱，"吾三人持酒听之"。由此观之，二晏词中多写宴饮、歌舞、赏花、相思、感旧等"小"情感而非大怀抱，就不足为奇了。

的确，二晏词多儿女情长，而少莽苍气象，但中学生少读些并不足为病，可以获得不少审美享受，也是事实。

除了前文所提到的之外，二晏词中还有不少名句值得品味。例如：

一霎好风生翠幕,几回疏雨滴圆荷。

——晏殊《浣溪沙·小阁重帘有燕过》

远村秋色如画,红树间疏黄。

——晏殊《诉衷情·芙蓉金菊斗馨香》

天涯地角有穷时,只有相思无尽处。

——晏殊《玉楼春·绿杨芳草长亭路》

翠叶藏莺,朱帘隔燕,炉香静逐游丝转。

——晏殊《踏莎行·小径红稀》

当时明月在,曾照彩云归。

——晏几道《临江仙·梦后楼台高锁》

衣上酒痕诗里字。点点行行,总是凄凉意。

——晏几道《蝶恋花·醉别西楼醒不记》

来时浦口云随棹,采罢江边月满楼。

——晏几道《鹧鸪天·守得莲开结伴游》

渡头杨柳青青,枝枝叶叶离情。

——晏几道《清平乐·留人不住》

来迟不是春无信,开晚却疑花有恨。

——晏几道《玉楼春·风帘向晓寒成阵》

古来多被虚名误,宁负虚名身莫负。

——晏几道《玉楼春·雕鞍好为莺花住》

如果在积累名句、局部诵读上下点功夫,不仅对了解"二晏词"有帮助,对整体提高诗词鉴赏水平也会很有助益。

说明：本文是笔者为《学生国学丛书新编·二晏词》（商务印书馆，2018年版）所撰写的"新编导言"，选入本书时略有增删。

音频版入口

第二十二篇
怦然心动的那本书

一

由于职业的原因,我经常被家长问到这样的问题:我家孩子的阅读和写作不行,怎么提高啊老师?每每这个时候,我真想说:其实我也说不清楚。但又不得不这样说:让孩子多读书,慢慢就好了。对面定会追问道:那,读什么书才好呢?(其实潜台词是读什么书对提高语文成绩最有效)我耐着性子重复着同样的话:我啊,已经把推荐书目告诉孩子了,您只需花钱给买就行了。家长没有得到"秘诀",悻悻离去。

我很清楚,有了推荐书目,买来了书,孩子并不见得便去读,更不见得一定便爱读。

书,并不是像你去逛超市,各色商品一排排地摆在那里供你选。书,是需要遇见的。或者说,那本对你有意义的书,会在某一个转角处等着你来。遇见了,便是你的幸运,也是书的幸运。

二

如今的课堂上，我经常会提起一部名不见经传的小说——柔石的《为奴隶的母亲》。大概二十五六年前，我读初中。假期时大姐拿回了她念中文系的教材，都是崭新的，淡绿或浅黄的封皮很淡雅。当时我看不懂什么古代的作品，便翻那本《现当代文学作品选》，柔石的《为奴隶的母亲》便在其中。这部小说的情节很悲惨，我至今还记得——

一个贫困的佃农之家，由于揭不开锅，将农妇"典"——租借——给地主作生育机器。农妇离开五岁儿子春宝时，肝肠寸断，难舍难离。等她给地主生了儿子秋宝的三年后，按照约定，她必须再次舍离秋宝，重回佃农之家。然而，再次的母子分离并不是最悲惨的。当她重返寒窑时，春宝已经不知道他面前的白了胖了的"地主婆"是谁了。

这个故事震撼了我，或者说震傻了十几岁的我。第一次母子分离时，我想，如果是我母亲和我有这样的事，那我还不如死了，所以看着看着就哭了。读到她回到家后春宝的木然相对时，这已经完全超出了我的经验范围。这位母亲由贫穷被逼迫着升入富裕，又由富裕重新坠入贫穷，心酸到极点。更重要的是，她已无法再续与任何一个儿子的亲情了。秋宝复制了春宝的遭遇，春宝却再也不是春宝了。

上述体验，所谓"控诉了罪恶'典妻'制度""吃人的旧社会"这样的官样说法，并不能概括我的认知。我的泪水里，大概应当有更丰富的内容。

那部《现当代文学作品选》里，还有老舍的《月牙》、赵树理的《小二黑结婚》等，我也有些印象，不过都没有柔石的这部小说印象深刻。

直至今天，我仍难以描述读这篇小说的全部感受，也很难说清这篇小说对我的影响。

三

影响，这个词语是很模糊的，不过对于一个人来讲，却是很有意义的。

落泪，读柔石小说并不是第一次。我母亲现在还总提起我五六岁时听《岳飞传》落泪的场景。那时家里穷，买不起电视，所以就听刘兰芳播讲的评书《岳飞传》。听到插科打诨的牛皋，便不住地呵呵傻笑；听到岳云锤震金禅子，便按照小人书上岳云纵马抡锤的形象涂鸦；听到岳飞大破朱仙镇，便抚掌拍案振奋不已；听到风波亭遇害，便为岳飞父子的惨死哽咽连连。

我至今还记得，岳飞临死前受的酷刑叫"披麻"。评书中说，残忍的行刑人将岳飞浑身打烂，把麻布条贴于血肉模糊处，等干了后再一条条鲜血淋漓地往下撕。我恨极了奸臣秦桧，他让我心中的大英雄受尽折磨。当时想，如果我武功高强的话，一定潜入狗贼的府邸，在他寻欢作乐时捅死他。

岳飞遇难时，年仅三十九岁。我经常在课上讲，我马上就三十九了。学生大概不理解我的意思，以为我说自己老了。其实我的意思是，我都快三十九了，可与我心中大英雄差若云泥，如何也达不到他高度了。

说来也挺奇怪的，"披麻"这样的酷刑并没有给我带来什么童年心理阴影，反而让我沉浸在岳飞的悲惨经历中，更加地崇拜他。因为他受尽折磨，却至死也没有摇尾乞怜。

四

今天我浏览"六神磊磊"的公众号，看了一篇题为《我孩子沉迷武侠玄幻修仙小说怎么办？恭喜你……》的文章，很赞同他的说法。一个十几岁的孩子沉浸在任何文字的世界里，无论如何都不是一件坏事，更何况像金庸这样"三观"极正的作者。

初中时我也迷上了金庸。直到这几年，我才半真半假地透露给我母亲，那时早晨起来读的书，很多时候是包了"语文"书皮的金庸小说。这些小说，好多都是借来的，而且经常册数不全。《天龙八部》有五册，我好长时间才凑齐看全。《碧血剑》的下册至今还在初中教导处石老师那里，可惜他已经故去好几年了。

说实话，我那时看金庸小说却并不沉迷于武功世界，当然更不是沉迷于如今六神磊磊所津津乐道的"金庸社会学"，而是沉迷于里面的爱情故事。我喜欢任盈盈、赵敏那样略带泼辣、邪性的姑娘，并不喜欢阿朱、小昭那样的"贤妻良母型"女子，觉得后者不够爽利。爱情嘛，就要热烈一些。当然，阿紫我是接受不了的，太过心机。

话说回来，我并没有因为读了这些"爱情教科书"便有了所谓早恋的问题，因为沉溺于文学世界里的人，往往对现实有着更高的期待。在繁多的爱情故事里，我印象最深的是两个镜头。《飞狐外传》里胡斐和袁紫衣是一对儿，可是最后有情人却未成眷属。可怜的胡斐，买了一把木梳想送给久别重逢的心上人，偏偏在这个时候，袁紫衣暴露了自己的真实身份："缁衣"——尼姑（按："紫衣"与"缁衣"谐音）。我当时真的想不明白，金庸先生为何要这样去安排这对郎才女貌兼郎貌女才的情侣的命运，暗自伤怀了很久很久。后来胡斐与苗若兰相爱了，我总觉得胡斐已经除却巫山不是云了，并不很喜欢苗若兰。苗若兰倒是很喜欢胡斐，因为胡斐是她儿时便崇拜的大哥哥。回想起来，那时的我便有了一种人不能与命相抗的朦胧意识。

另一个镜头是《天龙八部》里的。情种段誉见到了"神仙姊姊"便大发痴情，结果人家王语嫣之心早属其表兄慕容复了。饱读诗书的段誉辗转反侧，吟出了几句诗：

月出皎兮，佼人僚兮。
舒窈纠兮，劳心悄兮。

可以说，这是我读到的《诗经》中的第一首诗。此诗出自《陈风》，名叫《月出》。如果没有段誉苦恋王语嫣而求之不得这个背景的铺设，大概无论如何我也很难体味到这首诗的滋味。高中之后，我跑到县新华书店，在拮据中毅然买了一本《诗经》，大概就是因为《天龙八部》中这几句引文给我留下了难以磨灭的印象。

五

二十多年前的高中生活，其实是不堪回首的。不过，如今已然忘记了当时经济的拮据，回忆到的多是快乐的生活片段。我与班上的几位同学关系好，有一次合起来买书大家轮着看。小仲马的《茶花女》是我选中的一本。说来很伤感，这本书大概是盗版的，粉艳的封皮，粗糙的纸张，如果换成今天，我看都不看它一眼。可那时，能花十几块钱买到一本书，注意，是能买到，已经是奢侈异常的事了。

玛格丽特与阿尔芒的故事，说来掺杂了很多并不纯洁的成分。我说掺杂，并非指他二人之间，而是玛格丽特原本是个交际花，总有什么公爵一类的人包养或者骚扰她。说实话，这本书具体讲了什么故事，我当时记得，现在早已忘得差不多了。唯独在小说的最后，茶花女一篇篇记录与表达爱意的日记，至今仍萦绕在怀。爱一个人，需要爱到什么程度，爱到多么艰辛，才会一天天地写，一天天写而对方并不知晓，却仍要矢志不渝地写下去呢？人间自是有情痴！《茶花女》让我相信了爱情，相信了爱情的伟大力量。

六

毫不掩饰地说，我在大学之前没有读过几本像样的书，也没有老师给开过什么必读书目（当然，开了也买不起）。不过，并不是说谁翻的"书皮"多便越厉害。读书，需要那一刻的怦然心动，即便只有一刻。

现在我的书已多到无处安置的地步了，可还总是忍不住去买买买。读研时每周都去北大的"汉学"与"畅畅"，三天两头便去如今快要拆了的师大的"盛世"（按：三者都是书店名），地坛书市更是逢开必去。大概是我之前书太少了，所以现在才报复性地买。也大概是因为，总觉得我哪一天心血来潮说不定便翻翻其中的某一本，找不到书的滋味，比半夜断了香烟更难受。

我总是和学生说，才花几十块钱，便买了作者经年累月心血的凝结，多赚啊！如能遇到让你怦然心动的那本书，就更值了。

按：万籁俱寂，一灯独明，遂有此文回忆当初，非以苦情博同情，皆实录也。

2018.2.9　凌晨三点半

音频版入口

后　记

我经常想起刘勰《文心雕龙·神思》中的几句话：

方其搦翰，气倍辞前；暨乎篇成，半折心始。

是啊，每当有一些自认为不错的想法时，便忍不住下笔。赶等写完后，再读自己的文字，各种不满意就会钻出来。本书中关于阮籍的那一篇，我写了好多个夜晚，结果还是大失所望。也罢，既然刘勰说这就是写作规律，也只能如此，恳请读者诸君海涵。

不过，这本小书却是我很用力去写的。如果说我几年前出版的《细说诗文》是一本严肃冷静的讲稿，那么这本《亲近经典》则是阅读经典心路历程的记录。举例说，岳飞一篇有我童年的天真，《采薇》一篇有我少年的青涩，《凉州词》一篇有我成年的彷徨……

既然是心路记录，文章自然难免带有强烈的个人化倾向，定有偏颇于其中。不过，从写作初衷上讲，我希望我的文字多些温度，多些"代入感"，能陪伴你去亲近经典，从而走近经典，进而走进经典。事实上，经典作品并不是摆在书架上的某本书，而是需要你去相遇的一位故人。

如果我的这本书能充当"介绍人"的角色，陪着你去与故人相见、交谈与交往，则善莫大焉。至于能否达到这样的效果，就得靠读者诸君来检验了。

最后，我必然要表达感谢——

感谢语文教育泰斗顾德希老师慨然赐序。顾老通达、渊博，以提携后学为乐，此生我以能遇见他老人家为荣幸。

感谢中国青年出版社老师们的艰辛付出。感谢苗培老师，她是"媒人"，没有她鼎力引荐，本书便不能面世。感谢编辑方荟文老师，没有她的用心、细致与高效，本书便不能顺利面世。还要感谢刘吉、耿晓伟两位老师，在选题策划、音频制作等方面，他们也相助良多。

感谢我的妻子赵常天，没有她，我的生活将失去意义。感谢我的儿子杨砚深，没有他，我的努力将失去意义。感谢我的父母，尤其要感谢我的父亲。您所创作的水墨插图，让儿子的书陡增雅致。更重要的是，您坚韧的品格，让儿子受益无穷。

杨志刚记于新街口西里
2020.6.20